가격과 가성비를
극복하는 전략은 무엇인가?

TCO
Total Cost of Ownership

마케팅의 게임체인저

류호윤 지음

GoldenBell

★ **불법복사는 지적재산을 훔치는 범죄행위입니다.**
저작권법 제97조의 5(권리의 침해죄)에 따라 위반자는 5년 이하의 징역 또는 5천만원 이하의 벌금에 처하거나 이를 병과할 수 있습니다.

| 머리말 |

    이 책은 제품을 세련되게 마케팅하는 방법을 알리려고 썼다. 당신이 직장인이거나 크고 작은 사업을 꾸리시는 분들이라면, 팔려는 제품에 대해 가격과 스펙(제원) 따지는 경쟁 속에서 답답함을 느껴 본 적이 있으신가? '뭔가는 달리해야 할 텐데…. 그게 뭔지는 딱히 알지 못하는 답답함'을 느껴 보신 적이 있을 것이다. 이러한 고민과 싸우는 분들을 독자로 모시는 마당이다.

    지난 세월, 비즈니스 경험에서 여러 가지 환경 변화가 있었다. 이젠 우리 물건이 최저가는 당연히 아니고, 가성비도 여전히 좋은지 확신이 서지 않게 되었다. 반면에 소위 선도 업체들은 여전히 다양한 '기법'을 구사하면서 경쟁력을 지켜가고 있다. 이 '기법'에 대해 연구하다 보니, 두 가지 작동방식을 찾을 수 있었다. **첫째는 제 값 하는 물건으로 인식되게 하는 포장, 즉 상품화**이고, **둘째는 고객이 번거로워 할 부분을 덜어 내 고객의 본업을 돕는 것**이었다.

    내용은 두 가지 파트로 나뉘어져 있다. 앞부분에선 TCO(또는 Life cycle cost)가 무엇이고, 어떻게 계산되는지 설명한다. 뒷부분에선 TCO의 요소를 어떻게 활용할 수 있고, 어떻게 고객의 가치를 높이는 마케팅 상품을 만들 수 있는지를 알아 볼 것이다. 이게 바로 '제 값 하는 물건으로 고객의 일을 돕는' 가치와 진정성이 녹아든 마케팅 고도화의 핵심 원리이다.

　여기에는 수식도 조금 나오고 계산도 나와서 힘들 수 있다. 걱정하실 필요는 없다. 남의 사례나 개념을 소개하는데 그치지 않고, 구체화된 예시를 통해서 생생하게 이해시키는 정도일 뿐이다.

　여러분의 성공을 기원하고 감히 우리나라 산업의 경쟁력 향상에도 도움이 되길 희망한다.

2018. 12.
류호윤 씀

차례

- 머리말 / 3

1. 라이프 사이클 코스트, 그리고 TCO의 개념 ——————— 9

2. 라이프 사이클 코스팅, TCO의 산출 ——————— 23
   - 2.1 자본 비용 Capital Cost = Capital Expenditure ——————— 25
     - 2.1.1 정액법 Straight line Method ——————— 27
     - 2.1.2 정률법 Declining Balance Method ——————— 28
   - 2.2 운용 비용 Operating Cost ——————— 29
     - 2.2.1 연료비 Energy Cost ——————— 30
     - 2.2.2 소모품비 Consumable ——————— 30
     - 2.2.3 정비 및 수리비 Maintenance & Repair ——————— 31
   - 2.3 TCO 계산 ——————— 32
     - 2.3.1 단순화된 계산 사례 ——————— 35
     - 2.3.2 경제적 효익과 현금 흐름 관점 ——————— 32
     - 2.3.3 경제수명 Economic useful Life 의 개념 ——————— 40
     - 2.3.4 확률을 접목한 민감도 분석 ——————— 43

3. 중고품 가치, 잔존가에 대한 이해 ——————— 51

4. 자본/취득단계 솔루션 — 69

- 4.1 리스 Lease — 71
- 4.2 렌털 Rental — 85
- 4.3 재매입 및 중고가격 보장 Repurchase & Residual Value Guarantee — 103

5. 운용단계 관련 솔루션 — 113

- 5.1 보증 연장 프로그램 Warranty Extension Program — 115
- 5.2 유지 보수 계약 Maintenance Contract Program — 147
  - 5.2.1 예방점검 프로그램 Preventive Maintenance Program — 153
  - 5.2.2 유지 보수 계약 Service & Maintenance Program — 158

6. 복합형 솔루션 — 163

- 6.1 개런티 프로그램 Guarantee Program — 165
  - 6.1.1 스페어 파츠 납기 보장 Spare parts Guarantee Program — 165
  - 6.1.2 가용률 보장 Availability Guarantee Program — 167
  - 6.1.3 연료효율 보증 프로그램 Fuel/Power efficiency Guarantee Program — 173
  - 6.1.4 총 가치보장 프로그램 Productivity & TCO Guarantee Program — 179

6.2 통합형 프로그램의 사례 —————————————— 196
   6.2.1 롤스로이스 Rolls-Royce 사례
      - Pay by mile 콘셉트의 선구자 ———————— 197
   6.2.2 건설기계 제조사 고마츠 Komatsu 사례
      - 원격진단의 모범사례 ——————————— 203
   6.2.3 코웨이 Coway 사례
      - 소비재 렌털 비즈니스 모델 도입의 선구자 ———— 208
   6.2.4 SKF 사례
      - 가치와 비용 모두를 설명할 수 있는 체계 구축 ——— 215
6.3 우리 회사가 TCO를 도입할지 고민일 때 ——————— 221

7. 맺음말 ——————————————————— 230

- 찾아보기 index / 235

1. 라이프 사이클 코스트, 그리고 TCO의 개념

예를 들어보자. 건물을 지을 때 건축비를 아끼려고 열효율이 낮은 자재를 쓰거나 쉽게 녹이 슬고 수명이 짧은 배관을 쓰면, 냉난방비나 개보수 비용으로, 건축 당시 아낀 돈 보다 결국 비용이 더 많이 들게 될 것이다. 다른 예를 들면, 어떤 자동차 회사가 원가를 5만원 절감하려고 엔진 어떤 부분에 쇠로 만든 체인 대신 이 보다 수명이 짧은 고무벨트를 쓴다고 가정하자. 이 차를 산 사람은 차를 오래 사용하면 자동차 회사가 아꼈던 원가, 혹은 구매자가 그 만큼 차 값을 덜 냈던 이득보다, 장기간에 걸쳐 훨씬 비싼 정비 비용과 시간 낭비를 치르게 될 것이다.

이런 배경에서 나오는 개념이 라이프 사이클 코스트 life cycle cost다. 각 단어가 주는 느낌대로, 어떤 물건의 처음부터 끝까지에 걸친 생애 주기 동안 쓰게 되는 비용을 합친 것, 즉 총비용이다. 그리고 당장의 비용 또는 비용 절감만 보지 말고, 경제적인 이익과 비용을 장기에 걸쳐 고려하는 방식이 **라이프 사이클 코스팅** life cycle costing 이다.

이 개념은 미국에서 1965년에 국방부 관련 문서에서 처음 등장하면서 세상에 나왔다고 한다. 그 이후로 미국 국방부는 물론 타 부처에서 조달계획을 수립할 때 반영하는 중요성을 인정받아 왔다.[1] 라이프 사이클 코스트에선 마치 떠다니는 '빙산의 일각' 이라는 말처럼, 쉽게 식별 할 수 있는 구입가격 외에도 물속에 숨어서 잘 보이지 않지만, 정작 더 중요하고 더 클 수 있는 다른 비용을 함께 고려하려는 노력을 함께 한다.

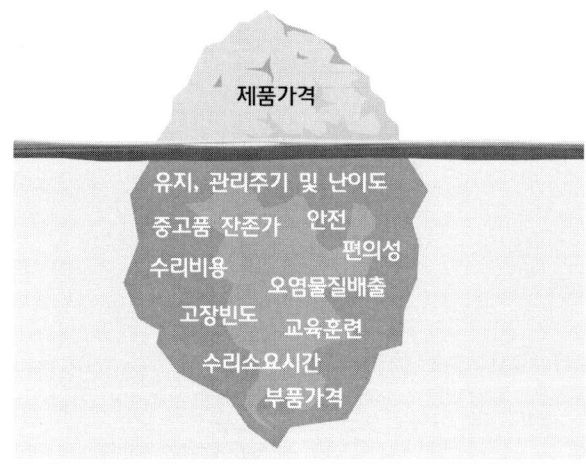

|그림 1| 가격과 TCO를 비교하는 유빙모델

이 책에서는 라이프 사이클 중에서도 '제품의 라이프 사이클 Product Life Cycle'을 다룬다. 최초 구매가는 물론 그 뒤에 발생하는 비용을 합친 전체 코스트를 파악한다. 싼 게 역시 비지떡이며 가격이 전부는 아니라는 뜻이

---

1) Life cycle costing - An approach to life cycle cost management : A consideration from historical development. Kenji Okano

다. 표현은 다르지만, 라이프 사이클 코스트는 TCO total cost of ownership 와 뜻이 같다. TCO는 Life Cycle Costing을 했을 때 얻어지는 결과물이고, 이 둘은 사실상 같은 개념에서 나온 것인데, 건축이나 소프트웨어 개발 같이 각각의 개별 단일 프로젝트를 대상으로 할 땐 라이프 사이클 코스트란 말이 좀 더 많이 회자되고, 연속적으로 같은 물건이 찍혀 나오는 제조물일 경우 TCO로 불리는 경우가 더 많은 것으로 이해하면 된다.

라이프 사이클 코스트 또는 TCO가 중요한 사람들은 누구일까? 고속버스를 생각해 보자. 주행거리가 100만 km 넘게 찍히기도 하는 버스라면 연료비나 정비비가 많이 드니 TCO에 민감할 것이다. 반면 주말에만 마트 다닐 때 차를 타고 다니는 부부라면 연비에 둔감하거나, 이 차를 살 때부터 TCO를 따져 본 적이 거의 없을 것이다. 단지, 자동차 회사가 값비싼 친환경 차를 팔 땐, 이런저런 보조금에 에너지 비용까지 합쳐서 몇 년 타면 초기 비용이 회수 된다고 TCO 개념을 접목하여 마케팅을 펼치기는 한다.

혹시 "가성비도 TCO와 일맥상통 하는 거 아니냐"는 생각이 들 수 있다. 가성비 value for money 는 가격 대 성능비 cost - benefit ratio 를 줄인 말이다. 원래는 업종 관계자나 개발자들이 사용하던 단어였는데, 합리적인 가격을 추구한다는 이 말이 일상용어로 회자되는 세상이다. 워낙 가격 경쟁 자체가 치열하다 보니, 일단은 가격이 싸야 선택 받을 가능성이 높아져서 이 말이 유행한다.

가성비는 추가적인 설명 없이도 직관적으로 이해하기 쉽다. 성능, 사양, 제원 같은 구색은 눈에 쉽게 보인다. 여기에 가격을 함께 보면 어떤 상품이 가성비가 높고 낮은 지 어느 정도 판정할 수 있다. 그리고 소비재 같으면 유비, 보수 비용이 별로 안 들거나, 얼마 안 쓰고 버리기도 하니, 대개 '가성비 높음 = 합리적 구매' 라고 할만하다. 하지만 TCO는 구매 이후 비용을 따져야 하므로 판매자나 제조자가 검토해서 보여주기 전에는 소비자가 파악하긴 힘들다. 하지만 그들 역시 세심히 검토하지 않으면 자신 있게 '얼마다' 라고 제시하진 못할 것이다.

내 스스로 가성비에만 의존했다가 낭패를 본 적이 있다. 인터넷 쇼핑에서 세련된 외관의 3중날 전기면도기를 샀다. 배송비 포함해도 4만원이 넘지 않았다. 사양이 좋았고 가격이 쌌으니 가성비가 높았다고 생각했다. 하지만 수염이 거칠게 깎여서 얼굴이 따가웠고, 2달 만에 배터리가 명줄을 다해 재충전이 안되면서 콘센트 전기만 잡아먹었다. 4만원 주고 샀으니 TCO는 4만원을 2달로 나눈 월 2만원이다. 면도기 쓰는데 월 2만원이라면 아무도 살 사람이 없다. 결국 가성비라는 것도 써보기 전엔 알기 힘든 요소가 있어서, 당해봐야(?) 온전히 판단할 수 있게 된다.

정리하면, 가성비는 TCO와 공통되는 요소는 있으나, 품질과 내구성에 대해선 얘기해 주지 않는다. 따라서 저가라는 이유로 가성비가 높아 보일 수는 있지만, 막상 써보면 금방 망가지거나 기능을 상실하여 TCO

측면에서 매우 부실한 경우가 많다. 결론적으로 가성비와 TCO 측면의 가치는 별 관계가 없거나 심지어 반대일 수도 있다.

라이프 사이클 코스팅 life cycle costing 개념의 확산

미국은 라이프 사이클 코스팅의 개척자답게 36개 주가 공공조달시, 최저가 기준이 아닌 제품 가격에 운용 비용을 합산한 라이프 사이클 코스팅 Life Cycle Costing, LCC 를 기준으로 낙찰자를 정하고 있다.[2] 이 같은 움직임은 주로 방위산업, 항공, 기계, 차량, 전자제품, IT는 물론, 토목 건설 분야에서도 있고, 지역적으로는 미국 외에 다른 나라로도 확산되고 있다. 유럽에서도 제품과 서비스를 포함한 라이프 코스트 즉, TCO를 공급자 선정의 주요 원칙으로 삼는 경우가 늘고 있다.[3]

---

2) 2015 NASPO(National Association of State Procurement Officials) Survey of State Procurement Practices를 참고함.
3) 프랑스도 헬리콥터 같은 군수품 계약시 종합적인 운용 지원체계를 따지고, 독일에서도 제품과 서비스를 결합한 민-군 협력모델을 통해 물자를 조달하고 있다.

나 역시 미국 뉴욕시 동절기용 제설 장비를 낙찰 받았던 건과 관련되어 일한 적이 있다. 입찰 서류에 장비 가격 외에도 교체 빈도가 높은 주요 소모품 가격, 엔진과 변속기 같은 고가 부품 가격, 특별 보증 조건 같은 내용을 제시하는 것이다. 무상 보증수리 기간도 일반고객 대상 판매 조건보다 매우 가혹하게 요구되었다. 이런 경우 자기 제품이 내구성이 부족하면 앞에서 남고 뒤에서 밑지는 장사가 될 것이다. 최저가이되 가격이 최저가가 아니라 TCO가 최저가인 것을 고르겠다는 것이다.

> 미국 일부 주는 차량 같은 특정 물품에 대해선 아래 예시와 같이 TCO 개념이 반영된 항목도 구매가에 합산하도록 법으로 의무화 하고 있다.
> ☐ 배송 + 설치비
> ☐ 기보유 제품을 타사 것으로 변경할 때 드는 이전 비용
> ☐ 인건비, 연료비, 소모품, 정비비용 같은 운용 비용
> ☐ 폐기비용
> ☐ 잔존가치
> ☐ 기타 (예: 원산지)

우리나라만 해도 외국에서 군수 물자를 들여오면 대부분 가격을 얘기하지만, 해당 분야에서 일하는 사람들은 교육, 훈련, 운용, 정비 등을 포함하는 비용을 모두 더해야 한다고 말한다. 라이프 사이클 코스트에 대한 개념을 잘 알고 있다는 뜻이다. "성능 좋고, 편하고, 연료효율도

좋은 장비는 대개 최저가가 아니다. 하지만 제일 싼 게 진짜 싼 건 아니다."는 점을 이해하고 있다.

라이프 사이클과 관련된 영업상품

라이프 사이클 면에서 볼 때, 제품이 서비스와 결합하여 고객에게 가까이 다가가는 모습은 첫째, 판매 시 적용되는 금융상품. 둘째, 판매 후 고객지원이라는 두 가지로 크게 나눌 수 있다. 그리고 이들을 각기 더 세부적으로 나누거나, 이 둘을 결합하는 모습이 나올 수도 있다. 아래를 보자.

구매나 취득과 관련한 금융제공

이 자체는 잘 알려진 상품이다. 금융을 바탕으로 하여, 목돈 없는 고객이나 구매라는 방식을 원하지 않는 고객이 제품을 손에 넣을 수 있게 해 주는 사업이다. 할부금융, 렌털, 리스 같은 부문들이 여기에 해당한다. 금융사들이 다양한 제품에 대해 자체적으로 사업을 벌이거나, 제조업체와 제휴, 협력 관계를 맺고 해당 제조업체의 브랜드명으로 사업하기도 한다.

부품 판매와 수리 서비스 제공

제조업이 가장 유리한 고지에 서 있는 분야다. 사용 중인 제품에 대해 부품과 작업 시간에 따른 공임(수리비)을 파는 사업이다. 이 분야에서의 경쟁자는 판매 시장에서 맞붙는 경쟁사 외에 서비스만을 전문으로 제공하는 업체나, 흔히 얘기하는 비순정품 또는 호환부품 공급자인 경우도 있다. 서비스 전문 업체는 수요가 많은 소모품 위주로 가격을 저렴하게 매겨 고객을 확보하는 경우가 많다. 물론 제조사가 전국적인 서비스 네트워크에 투자할 여력이 부족하다면 서비스 전문 업체에 위탁하는 협력도 가능하다.

유지보수 제공

부품 및 공임 제공을 넘어, 제품을 효율적으로 쓰는 방법에 대한 정보를 지속적으로 제공하고, 컨설팅, 교육 등을 연계하여 종합적인 서비스를 제공하는 단계를 가리킨다. 고객과 시장에 대해 더 깊은 지식과 이해를 겸비하고 갖추어 놓아야 할 상품 구색도 많아지므로 공을 많이 들여야 한다. 상품을 만드는 노력 뿐만 아니라, 상품이 금방 팔리지 않는다고 포기하지 말고, 고객에게 가치와 효용을 설득하는 꾸준함도 요구된다.

통합형 솔루션 제공

이 모델은 고객의 본업에 깊게 들어가서 적극적으로 돕는 방식이다. 장비 관리, 물류, 정비, 교육 등과 같은 고객의 업무 프로세스 설계까지 관여하기 때문에, 제조업체로서의 비중은 상대적으로 줄어들고, 컨설팅 및 솔루션 회사로서의 성격이 강해진다. 아래 같은 경우라면 고객들은 장비관리에 대해서는 아무것도 신경 쓰지 않아도 되고 공급사가 알아서 한다.

- 커피를 일정량 이상 구입하면 커피 기계를 빌려주는 방식
- 사무실에 복사기 토너를 공급해 주는 사업 방식
- 시약, 치료제 같은 소모품 구매를 조건으로 병원에 의료장비를 무상 임차해 주는 방식

단, 이러한 단계를 꼭 최고로 고도화된 모델이라고 단정하기엔 무리가 있다. 단순히 제조와는 무관하게 시중 제품을 구입해서 렌털을 위주로 하는 사업 모델도 있기 때문이다. 제조업체로서는 '렌털에 진출한다'고 말해도 절반은 맞는 말 일 것이다. 왜 절반만 맞냐면, 렌털은 고객에게 다가가는 영업상품 즉, 영업 솔루션의 하나일 뿐이기 때문에 렌털이 아니어도 상황에 따라 다른 방식으로 접근해도 되기 때문이다. 시각을 넓게 볼 필요가 있다.

이러한 솔루션은 TCO 관련 스킬 외에도 기술적으로 IT 관련 솔루션도 함께 마련해야 하는 것일 수도 있다. 내 제품이 고객사에 가 있기 때문에 거리와 시간 제약이 있어서 원격 진단이 필요할 수 있기 때문이다. 상품 구색 역시 고객이 필요한 것을 완벽히 이해한 후 설계하고 제시해야 한다. 그리고 전사 구성원이 자사의 업은 물론, 고객의 업에 대해서도 이해도가 높아야 한다는 것은 분명하다.

그림 3을 보고 이러한 라이프 사이클 관련 사업 모델이 지금의 우리 조직과 얼마나 어울리는지 확인해 보자.

현상 진단	대안 구상
• 우리는(우리 회사는) 라이프사이클 중 어느 부분을 커버하는가? • 라이프 사이클 중 고객이 비용을 어디에 얼마를 쓰는가? 우리의 미진출 영역에서 돈을 더 많이 쓰는가? • 제품 라이프 사이클 중 고객이 불편해 하는 것은 무엇인가?	• 어떤 서비스를 만드는게 고객과 자사 모두에게 의미가 있는가? • 어떤 서비스를 만드는게 현실적으로 실행 가능성이 높은가? • 제품 라이프 사이클을 다루는 기존 시장 참여자와 경합이 예상되는 부분이 있다면 어떤 관계를 설정할 것인가?

그림 3 라이프 사이클 관련 사업모델의 기회모색 체크리스트

제조업의 서비스화 servitization 와의 연계

2000년대에 생긴 신조어 「서비타이제이션」 또는 서비스화는 제조업이 제조와 판매를 넘어 부가적인 서비스를 제공하는 경향에 붙인 이름이다. 예를 들자면 이런 것들이 모두 서비스화와 관련된다고 말할 수 있다.

- 세탁기 및 건조기 제조회사가 빨래방 사업에 참여함.
- 복사기, 인화기 회사가 인쇄물 기획, 제작 사업에 참여함.
- 태양광 패널 회사가 발전사업에 참여함.
- 타이어 회사가 버스운수 회사를 상대로 주행거리에 따라 요금을 매기는 렌털 사업에 참여함.

전통적인 제조업체의 서비스는 '고장 나면 수리 서비스를 제공'하는 걸 주로 말한다. 서비스의 중요성을 이해하는 제조업체는 판매를 원활히 하려는 목적으로 정비, 수리 같은 서비스망 강화에 집중해 왔다. 그러다가 경쟁의 판이 아예 달라지는 일이 생긴 게 서비스화이다. 경쟁자가 동종업계 뿐만 아니라, 고객의 라이프 사이클 전 영역에 있는 시장참여자로 넓어지다 보니, 이왕 주도적으로 최종 고객에게 가까이 다가가는 사업 모델을 만들고, 이를 위해 제조, 판매 외에 부가 기능과 서비스를 제공해서 차별화로 앞서가겠다는 전략이 서비스화인 것이다.

제조와 판매 이후의 후방 분야 즉, 흔히 A/S 라고 부르는 애프터 세일즈, 애프터 마켓 분야는 투자도 많이 필요하고 단기간에 육성하기 어렵다. 한 가지만 잘하기도 어려운데, 손이 많이 가고 오랫동안 정성을 기울여야 한다. 하지만 좋은 제품을 개발하고 생산하는데만 초점을 맞추다 보면 정작 제일 중요한 '고객 만족'이 잊혀질 수도 있다. 또는 라이프 사이클 내의 비즈니스 기회를 경쟁자나 제3의 업체에게 내주기 마련이다. 호황일 때는 제품만으로도 수익을 거둘 수 있다. 하지만 경기가 나빠져서 신제품이 잘 안팔릴 때에도 기존에 팔렸던 제품이나 서비스를 통해 꾸준한 매출과 수익을 가져다주는 분야가 바로 이러한 애프터세일즈 즉, 후방 서비스 산업이다.

'서비스화'는 업계의 트렌드 변화를 보는 학자들이나 공급자 관점의 언어다. 고객 관점이라면 내 일을 남에게 맡기는 '외주화'로 봐야 이해가 쉬워진다. 고객이 가려울 만한 곳을 찾아 긁어주는 서비스(기능)를 경쟁력 있게 (혹은 좀 더 싸게) 제공할 수 있으면 된다. 고객이 어디가 가려운지 찾아내는 것은 사업모델을 만드는 일이다. 이러한 사업모델을 만들고 이를 밀고나갈 실행 역량을 갖추는데, TCO를 다룰 수 있는 능력이 필요하다. 속된 말로 "팔면 땡"이 아니라, 직접 운영까지 해야 하므로, 내 제품의 TCO가 뛰어나야만 내 서비스를 경쟁력 있는 가격과 조건에 제공할 수 있다.

기술이란 건 계속 발전하기 때문에 경쟁사 간 기술 격차가 나거나 특색 같은 게 있을 순 있다. 하지만 결국 시간이 지나면 제품만으로 특별함을 만들어내기는 어려워진다. 요즘 나오는 승용차를 보면 알 수 있다. 어디에 어떤 메이커만의 독보적인 기술이 얼마나 있는가? 가격대에 따른 수준 차이가 있을 뿐, 특정 회사의 차별성은 점차 옅어지는 현실이다. 그래서 제품 쪽으로만 쏠려 있던 역량을 배분해서 비즈니스 자체를 제품과 서비스의 결합으로 만드는 방식이 의미를 가진다. 이 개념을 도입하면 우리 회사가 하는 일은 '제품을 만들어 판다'가 아니라 '고객의 업을 지원하는 것'이라고 인식하게 된다. '산은 산이요, 물은 물이로다' 하듯이 '제품은 제품이고, 서비스는 서비스'라고 영역을 강하게 나누는 것이 더 이상 통하지 않는다. '각자는 잘 했는데 결국 고객은 만족 못하는 상황'을 낳기 마련이다.

서비스화는 제품과 서비스를 결합한 것이므로, 이 책에서 말하는 세일즈 솔루션 또는 영업상품과도 맥이 통하는 개념이다. 이게 무엇인지 설명을 듣고 나면 누구라도 "어떤 이야기를 하는 구나" 하고 개념은 이해한다. 하지만 정작 작은 것 하나라도 만들려면 그 과정에 수많은 장애물이 있을 것이다. "나침반은 방향을 알려주겠지만 가는 길에서 만날 늪, 사막, 협곡은 말해 주지 않는다"는 말도 있지 않은가?[4] 기존 체계를 뒤흔들어야 하고, 내부에 없던 역량은 안에서 시간을 들여 육성하든지 아니면 외부의 수혈을 받아야 할 것이다. 그러다 보면 조직 구성도 바꾸어야

---

4) 영화 링컨에 나오는 대사를 줄임.

할 것이다. 궁극적으로 이런 어려움을 이겨내려면 일관되게 집중력을 발휘하는 투자가 필요할 것이다. 작게라도 해 보면서 경험이 쌓이면 우리 제품의 TCO를 이해되고, 고객의 업도 배우면서 더 친근하게 가까워질 수 있다. 물론 무엇보다 큰 결실은 사업 기회를 발굴하는 것이다. 과정은 고통스럽지만 일단 선순환을 타면 남들이 함부로 따라오기 힘들 실력을 갖추게 될 것이다.

2. 라이프 사이클 코스팅, TCO의 산출

앞에서 라이프 사이클 코스트는 TCO Total Cost of Ownership 와 같은 뜻이라고 했다. TCO를 뜯어보면 두 가지 요소가 있다. 하나는 자본비용 Capital Cost 이고 다른 하나는 운용비용 operating cost 이며, TCO는 이 둘의 합이다.

> TCO = 자본비용 + 운용비용

자본비용은 대부분이 제품 구입에 든 구입가격이다. 그리고 제대로 쓸 수 있는 상태로 준비하느라 든 일회성 비용도 포함하는 게 편리하다. 자동차로 치면 차 값에 추가 장착품 구입비용, 탁송료, 취득세, 등록세 같은 비용까지 포함한 것이다. 회계적으로 표현하자면 자본비용은 고정자산 투자다. 그래서 사용연수에 따라 조금씩 가치가 떨어지는 감가상각 대상이 된다. 그 제품이 실제 쓰였던 말던, 매년 소정의 금액을 자산가치에서 빼야 할 것이다.

운용비용은 한마디로 유지비다. 자동차라면 기름값, 소모품값, 수리비 등이 생각나기 마련이다. 그래서 운용비용은 제품 사용량에 비례하여 늘어난다.

자본 비용은 장비가 전혀 가동되고 있지 않아도 이미 투자된 비용이고, 운용 비용은 장비를 쓰는 만큼 늘어나는 비용이다. 자본 비용은 저렴한 걸 샀으면 낮아지고, 운용 비용은 효율이 높고 튼튼하게 만들어진 제품이어야 낮아지는 것이다. 저렴한 것과 효율 높은 튼튼한 것이 상반될 수 있다. 그래서 TCO는 상호보완적이고, 진짜 가치를 말해준다.

TCO는 자본비용과 운용비용을 합친 금액이지만, 이 자체만 놓고 따지면 중요한 정보를 놓칠 수도 있다. TCO는 사용 기간 기준을 통일해 놓고 비교해야 한다. 예를 들어 1천만원 짜리 복사기를 10년간 쓰면서 매년 500만원씩 유지비용을 지출했다면? TCO는 구입가 1천만원에 10년 곱하기 매년 유지비 500만원을 더해 6,000만원이다. 여기서 10년이라고 기준을 통일하지 않으면, TCO끼리 절대 비교는 의미가 없다. 그런데 한 발 더 나아가 "10년이던 5년이던 그게 뭐가 중요한가, 출력물을 몇 장이나 뽑았는지가 중요한 거 아닌가" 하고 생각할 수도 있지 않은가. TCO를 제대로 비교하려면 기준점을 합리적으로 잡아야 한다.

예를 들어 이 복사기에서 1년간 10만장씩 찍어낸 비용이 매년 500만원이었다고 가정하고 종이 한 장당 비용 기준으로 TCO를 셈 해보자.

- 종이 한 장당 자본비용 = 1,000만원 / 10년 × 10만장
  = 장당 10원
- 종이 한 장당 운용비용 = 500만원 / 10만장 = 장당 50원

그래서 종이 한 장당 TCO는 자본비용 + 운용비용 = 장당 60원이 된다.

2.1 자본 비용 Capital Cost = Capital Expenditure

앞서 자본비용은 구입 가격에 일회성 비용을 합친 것이라 했다. 그리고 자본비용은 감가상각 대상이라고 했다. 감가상각을 다룰 때는 내용 연수와 잔존가의 개념이 덧붙여진다. 관련하여 몇 가지 용어를 더 끌어와 보자.

- **취득가** acquisition cost : 취득가는 구입 물품 배치가 끝나 가동을 개시할 때까지 들어간 비용을 가리킨다.
- **내용 연수** useful life : 내용 연수는 해당 자산의 감가상각 대상 기간을 연수로 표시한 것이다. 이는 제품별로 실제 예상되는 수명을 기준으로 삼을 수도 있고, 회계적인 기준에 따를 수도 있다.

- **잔존가** residual value : 잔존가는 내용 연수를 채운 후 중고로 되팔거나 폐기했을 때 회수할 수 있는 금액이다. 돈을 쓰는 게 아니라 버는 셈이므로 감가상각 금액을 계산할 땐 취득가에서 예상 잔존가만 미리 차감하고 나머지만 반영한다. 잔존가를 완벽하게 예측하는 건 불가능하다. 합리적인 선에서 과거 사례, 시중 가격, 혹은 중량에 상응하는 고철값을 참고하여 설정하게 된다.
- **제세금 및 보험료**: 우리나라를 포함하여 많은 국가에서 자산의 구입에는 취득세를 부과하고 등기 물건인 경우 등록세도 부과하고 있다. 보험은 보통 도난이나 파손, 사고 등에 의한 손해를 담보하는 대가로 정기적으로 지불하게 된다.
- **할부이자**: 제품을 할부로 구입하는 경우엔 원금 외에 이자 비용을 내고 자체 자금으로 구입하는 경우엔 자신의 현금에 대한 기회비용을 내게 되는 셈이다. 이자의 경우 대개 연이율을 % 단위로 표현하고, 상환은 매월 혹은 분기별로 내는 경우가 많다.

따라서 자본 비용은 아래와 같은 항목을 더하고 **빼주면** 나온다.

자본비용 = 취득가 − 잔존가 + 각종 제세금 및 보험료

이왕 감가상각을 하려면 회계상의 감가상각을 반영해야 한다. 감가상각의 방법으로는 대표적으로 정액법 straight line depreciation 과 정률법 declining balance depreciation이 있고 이 중 어느 방법을 사용할지는 자산의 특징을 고려하여 정하면 된다.

2.1.1 정액법 Straight line Method

정액법은 자본 비용을 내용 연수 기간 동안 매년 같은 금액으로 나누어 상각 하는 방식이다. 비교적 단순하여 많이 사용되는 방식이며, 아래의 수식으로 나타낼 수 있다.

$$상각액 = \frac{(취득가 - 잔존가)}{내용연수}$$

MS-Excel을 사용하여 값을 구할 때는 아래와 같이 SLN 함수를 사용할 수 있다.

$$상각액 = SLN\ (취득가,\ 잔존가,\ 내용연수)$$

예

1억원짜리 장비를 구입한다. 5년간 사용 후 잔존가는 15%인 1,500만원으로 예상한다. 이 경우, 매년 감가상각액은 = (1억원 −1,500만원) / 5년 = 1,700만원이다. 엑셀로 아래와 같이 표현할 수 있다.

연차	1	2	3	4	5
SLN	₩30,000,000	₩30,000,000	₩30,000,000	₩30,000,000	₩30,000,000

2.1.2 정률법 Declining Balance Method

정률법은 내용 연수의 초반에 상각액을 많이 배정하고 후반부에는 덜 배정하는 방식이다. 현실적으로 기계류의 중고 가격 감가율에 쓰기 좋다. 어떤 크기의 가속상각 비율을 적용할지는 취득가와 잔존가의 상대비율로 결정한다.

$$\text{상각액} = \text{감가율} \times \frac{(\text{취득가} - \text{잔존가})}{\text{내용연수}}$$

$$\text{감가율} = 1 - \sqrt[\text{내용연수}]{\frac{\text{잔존가}}{\text{취득가}}}$$

예

1억원짜리 장비를 구입한다. 5년간 사용 후 잔존가는 15%인 1,500만원으로 예상한다. 이 경우, 매 해의 감가 상각액을 각기 구하려면 먼저 1차년도 감가율을 구해야 한다.

$$\text{1차년 감가율} = 1 - \left(\frac{1500\text{만원}}{1\text{억원}}\right)^{\frac{1}{5}} = 0.32 = 32\% \text{ 이다.}$$

- 1차년도 감가액 = 취득가 1억원 × 32% = 3,200만원
- 2차년도 감가액 = (취득가 1억원 − 1차년 감가액) × 32%
  = 6,800만원 × 32% = 2,170만원
- 3, 4차년도 감가액은 위와 같은 식을 반복하여 구하고, 마지막 5차년도인 잔액 전부를 감가액으로 삼는다.

정률법의 계산이 복잡하기 때문에, 이 보다 편리하게 정액법 상각시의 금액보다 2배의 감가율을 적용하는 이중체감법 double declining 을 사용할 수도 있다. 정률법을 MS-Excel으로 계산할 때는, 아래와 같이 DB 함수를 사용할 수 있다.

> 상각액 = DB (취득가, 잔존가, 내용연수, 상각대상 연차)

이중체감법 계산 결과는 아래와 같이 표현할 수 있다.

연차	1	2	3	4	5
DB	₩48,400,000	₩36,687,200	₩27,808,898	₩21,079,144	₩15,977,991

2.2 운용비용 Operating Cost

운용비용은 해당 제품이 실제로 가동된 시간과 일의 양에 비례해 변한다. 운용비용은 크게 보아 소모품 비용 consumables 과 유지 maintenance , 수리 repair 비용 등으로 나눌 수 있다. 여기서의 유지는 제품이 고장 나지 않도록 정상적인 상태를 유지시키기 위한 것을 뜻하며, 수리는 고장이 발생한 경우, 이를 고쳐서 가동이 가능한 상태로 되돌려주는 것을 가리킨다. 자동차를 예로 들면, 정기점검이나 소모품 교환은 유지로 분류하고, 고장수리만 수리로 분류할 수 있다. 이 둘의 개념은 고장 나서 제 기능을 못하는 다운타임을 최소화하고, 가동시간을 최대화하기 위해 나온 개념이라는 점에서 비슷하고, 각각 예방과 복구를 말한다는 점에서 다르다.

2.2.1 연료비 Energy Cost

운용 비용의 가장 대표적인 항목이 장비 가동에 따르는 에너지 비용이다. 유류대 같은 항목이 대표적이다. 보편적으로 쓰이는 단위는 시간당 소모량을 나타내는 kW/hour나 liter/hour가 된다. 그리고 사용 환경, 작업량, 작업 숙련도와 같이 다양한 요인이 에너지 비용에 영향을 준다는 점을 감안할 필요는 있다. 유류를 사용하는 제품을 예로 들면 연료비는 아래와 같이 구할 수 있다.

$$시간당연료비 = \frac{연료소모량}{시간} \times \frac{연료비}{가격단위(리터, 갤런 등)}$$

2.2.2 소모품비 Consumable

쓰다 보면 소모되거나 기능이 저하되거나 사용 도중에 교환을 해 주어야 하는 소모품이 있기 마련이다. 정수기 필터, 자동차 타이어, 프린터의 잉크나 토너 같은 것들을 떠올릴 수 있을 것이다. 20만원을 들여 자동차 타이어를 신품으로 교체했는데, 이때까지 5만 km를 주행했다고 가정하면 타이어 비용은 20만원 / 5만km = km당 4원이 된다.

2.2.3 정비 및 수리비 Maintenance & Repair

앞에서 정비와 수리의 차이점을 언급했다. 일정한 주기나 시점에 따라 계획적으로 정비를 했거나, 원치 않게 고장이 나서 수리를 했거나 상관없이 두 가지 비용이 다 포함된다. TCO 계산 중에서 가장 불확실하고 논란이 있을 수 있는 부분이 수리비이다. 동일한 기계 두 대를 가졌다고 치자. 하나는 멀쩡한데, 다른 하나는 툭하면 고장으로 멈춘다고 한다면 정비 및 수리비는 어떻게 계산해야 하는가? 각각의 비용에 평균을 구하면 될 것이다. 하지만 '과연 이렇게 하는 게 옳은지' 하는 생각이 들면서 기분이 개운치 않을 것이다.

시중에 '자동차는 뽑기 나름'이란 말이 아직도 회자되고 있다. 물건이 고장 나고 말고는 100% 정확한 예측이 불가능한 확률의 영역이다. 정비나 수리비용도 확률의 영역이다. 그러나 개별 부품이나 제품 전체에 대해 고장 확률을 추정할 수 있는 신뢰성 기법이란 것이 발달해 왔다. 굳이 이론이 아니더라도 늘 같은 제품을 오랫동안 써 왔던 고객이라면 실제 경험을 바탕으로 하여 예방 정비 계획을 수립하고, 뭐가 언제쯤 고장 날 지를 예상해 필요한 교체 부품을 준비해두는 방법으로도 다운타임을 줄이는 대책을 마련할 수 있다.

2.3 TCO 계산

2.3.1 단순화된 계산 사례

간단한 예를 들어 TCO를 계산해 보자. TCO는 자본비용과 운용비용의 두 가지 요소로 분리해 계산한다고 했다.

덤프트럭을 구매하려는 운송회사가 있다고 치자.
- **장비 취득가**: 2억원
- **보유 계획**: 5년 사용 후 중고차 매각
- **5년 후 잔존가**: 5천만원
- **감가상각 방식**: 정률법

이 경우 각 연도에 장부에 기재될 자본비용은 아래와 같다. 5년 후 중고품 매각시 회수 할 수 있는 잔존가가 5천만원이기 때문에 상각액 총액은 취득가 2억원에서 잔존가를 뺀 1억 5천만원이 된다.

(단위: 천원)

	연도	1	2	3	4	5
자본비용	상각액	48,400	36,687	27,809	21,079	16,025

이제 운용비용 차례다. 이 회사는 과거에 유사 제품을 사용하면서 기록했던 유류비 정보가 있고, 신제품은 이보다 유류비가 아껴 질 것으로 기대하고 있다. 다음과 같은 비용 계획을 구성해 보았다.

- **연료비**: 매년 8천만원
- **정비 부품(계획 정비)**: 매년 1천만원
- **수리 비용(고장 수리)**: 매년 1천만원

이 경우 각 연도별 운용 비용은 아래와 같다.

(단위: 천원)

	합계	1	2	3	4	5
연료비	400,000	80,000	80,000	80,000	80,000	80,000
계획 정비	50,000	10,000	10,000	10,000	10,000	10,000
고장 수리	50,000	10,000	10,000	10,000	10,000	10,000

그 다음 자본 비용과 운용 비용을 모두 더하면 아래와 같다. 취득가는 2억원이지만, 총비용(TCO)은 6억5천만원이 나왔다.

(단위: 천원)

구분	연차	합계	1	2	3	4	5
자본비용	상각액	150,000	48,400	36,687	27,809	21,079	16,025
운용비용	연료비	400,000	80,000	80,000	80,000	80,000	80,000
	계획 정비	50,000	10,000	10,000	10,000	10,000	10,000
	고장 수리	50,000	10,000	10,000	10,000	10,000	10,000
총비용 (TCO)		650,000	148,400	136,687	127,809	121,079	116,025

이 트럭이 한번에 25톤을 실어 나르며 1년에 10만 km를 주행한다고 가정하고, 총 비용을 1톤당 1 km 주행거리당 비용으로 환산해 보자. 총 비용의 단위를 사용량을 기준으로 통일하면 다른 차량을 구입하는 경우에 대해 쉽게 비교할 수 있을 것이다.

- 1년간 주행거리: 10만 km
- 적재중량: 25톤
- 1km · 1 톤당 총비용 = 5년간 총비용/ (5년간 주행거리 · 적재중량)

  = 650,000,000원/500,000km · 25톤

  = 52원/km · 톤

이러한 계산은 간단히 엑셀시트로 만들면 직관적으로 이해하는 데 도움이 된다. 하지만 호기심에 계산 프로그램을 빨리 접해 보고 싶은 분들은 인터넷상에 TCO 계산 사이트들을 어렵지 않게 찾을 수 있으니 참고해 보면 된다. 아래는 예를 들어 tco.manitou.com[5)] 에서 제공하는 TCO 계산 툴이다. 미리 말하면 재미없겠으나, 막상 해 보면 입력해야 할 정보가 생각보다 많다는 데 놀랄 것이고 "변수가 이렇게 많은 데 이러한 입력 자료의 신빙성이 중요하겠다."는 생각이 들 것이다.

---

5) Manitou는 산업용 운송기계 제작사임.

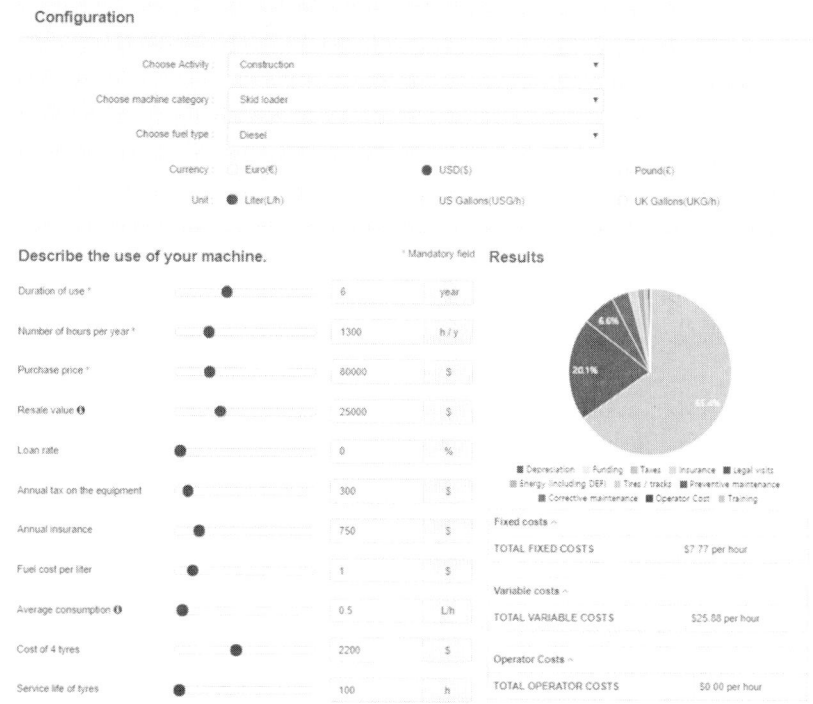

┃그림 4┃ TCO 계산 툴 예시

2.3.2 경제적 효익과 현금 흐름 관점

바로 앞에서 1톤. km 단위로 TCO를 계산해 봤다. 좋은 제품은 돈 벌어 주는 물건이다. 같은 비용으로 돈 되는 일을 더 많이 해 주어야 한다.

일을 많이 한다는 것은 두 가지 잣대로 생각할 수 있다. 성능이 더 뛰어나서 일을 많이 할 수도 있고, 아니면 고장 없이 꾸준하게 일을 해주는 것일 수도 있다. 경험적으론 성능 좋은 것보단 고장이 없거나 빨리 고치는 게 일을 더 많이 한다.

이번에는 사업주의 마인드가 되어 보자. 매출과 비용 같은 현금흐름을 계산해서 이 트럭이 과연 돈을 얼마 벌어 줄 수 있을지 보자. 우선 매출액을 계산해 보니 아래와 같다.

- 25톤 적재량 기준 1회당 특점 지점 왕복 운송료: 15만원
- 1일 왕복 가능 횟수: 5회
- 1년간 근무일: 250일
- 1년간 매출액 = 250일 × 5회 × 15만원 = 187,500,000원

앞에서 간단하게 1톤. km당 총비용을 계산해 보았듯 매출액도 같은 단위로 쉽게 환산할 수 있다.

- 1년간 주행거리: 10만 km
- 적재중량: 25톤
- 1km · 1톤당 총비용 = 매출액 / (주행거리 · 적재중량)
  = 187,500,000원 / (100,000km · 25톤) = 75원 / km · 톤

매출액과 비용 모두를 연도별로 표에 나타내 보면 아래와 같다.

(단위: 천원)

구분		합계	1	2	3	4	5
매출액 (Revenue)		-	937,500	187,500	187,500	187,500	187,500	187,500
운용비용 (Operating Cost)	연료비	400,000	80,000	80,000	80,000	80,000	80,000
	계획 정비	50,000	10,000	10,000	10,000	10,000	10,000
	고장 수리	50,000	10,000	10,000	10,000	10,000	10,000
매출 이익 (EBITDA)		-	437,500	87,500	87,500	87,500	87,500	87,500
자본비용 (Capex)	상각액	150,000	48,400	36,687	27,809	21,079	16,025
세전 이익 (EBIT)			287,500	39,100	50,813	59,691	66,421	71,475

이 경우에 5년간 매출액에서 운용비용을 빼면 매출이익이 나온다. 별도로 판매관리비를 더하지 않기로 고려하면 사실상 영업이익과 같은 뜻이다. 그 다음 감가상각, 즉 자본비용을 빼면 세전 이익이 계산되는 것이다. 그런데 감가상각액은 장부상에서 즉, 회계적으로 의미가 있는 것이고, 실제로 현금이 들어가고 나가는 것은 아니니, 실제 사업주의 관심사는 잉여현금흐름 free cash flow 을 구하는 것일 수도 있다.

잉여현금흐름을 구하려면 매출이익에서 소득세를 빼면 된다. 이 과정을 표로 나타내면 아래와 같다.

(단위: 천원)

구분		합계	1	2	3	4	5
매출액 (revenue)		-	937,500	187,500	187,500	187,500	187,500	187,500
운용비용 (operating cost)	연료비	400,000	80,000	80,000	80,000	80,000	80,000
	계획 정비	50,000	10,000	10,000	10,000	10,000	10,000
	고장 수리	50,000	10,000	10,000	10,000	10,000	10,000
매출 이익 (EBITDA)		437,500	87,500	87,500	87,500	87,500	87,500
자본비용	상각액	150,000	48,400	36,687	27,809	21,079	16,025
세전 이익 (EBIT)		287,500	39,100	50,813	59,691	66,421	71,475
소득세	20%가정		7,820	10,163	11,938	13,284	14,295
잉여현금 흐름(FCF)		437,500	79,680	77,337	75,562	74,216	73,205

이번엔 여기에 화폐의 시간 가치를 나타내는 현가 present value 개념을 접목해 보자. 그럴만한 이유가 있다. 이 트럭을 구입한 게 의미 있는 투자인지 어떻게 알 수 있을까? 5년간 벌어들일 현금 총액에서 지금 투자한 금액을 빼야 얼마가 남는 장사인지 알 수 있는데, 투자할 금액은 지금 이 시점에서 지출하는 금액이고, 5년간 벌어들일 금액은 미래의 수입이기 때문에 이 둘 간에는 시차가 존재한다. 시차가 있으면 이자라는 개념이 따라온다. 물가가 달라진다. 그래서 잉여현금흐름에 할인율 또는 목표 이익율을 적용한 현금흐름할인 discounted cash flow 을 산출하면 투자금액 대비 벌어들일 수 있는 금액을 좀 더 보수적으로 또는 현실적으로 산정할 수 있다.

이를 아래와 같이 나타냈다.

(단위: 천원)

구분		합계	1	2	3	4	5
매출 이익 (EBITDA)		437,500	87,500	87,500	87,500	87,500	87,500
자본비용	상각액	150,000	48,400	36,687	27,809	21,079	16,025
세전 이익 (EBIT)		287,500	39,100	50,813	59,691	66,421	71,475
소득세	20%가정		7,820	10,163	11,938	13,284	14,295
잉여현금 흐름(FCF)		437,500	79,680	77,337	75,562	74,216	73,205
할인율	10%가정		100%	90%	81%	73%	66%
현금흐름 할인 (DCF)		312,622	79,680	69,604	61,205	54,103	48,030

위에서 구한 것처럼 할인율을 적용한 현금 창출액은 312,622천원이다. 할인율을 적용하지 않았을 때의 437,500천원보다 훨씬 적은 금액이다. 할인율이 매년 10%씩 누적되면서 5년차에는 1년차의 2/3 정도 밖에 안 되는 금액을 이익으로 반영했기 때문이다. 물론 수입(매출액)이 오르지 않는 가정에서 그렇다는 것이다. 그렇다면 이 트럭에 대한 투자 가치를 다시 따져보자. 5년간 벌어들일 현금 총액에서 현시점에서 투자하는 금액을 빼면 된다. 즉 할인율을 반영한 총 이익금 312,622천원 - 지금 투자할 150,000천원 = 162,622천원이 남게 된다. 참고로, 이 예시에선 트럭 운전자 급여를 고려하지 않았다. 실제 사업체에서의 손익 계산이라면 별도로 고려할 것이다.

2.3.3 경제수명 Economic useful Life 의 개념

앞에서 다룬 예제에선 계획 정비비용과 고장수리 비용이 매년 같다고 가정했다. 톤. km당 TCO도 계산해 보았고, 투자 대비 잉여현금이 얼마나 되는지도 따져 보았다. 그렇다면 오랫동안 이 트럭을 아주 오래, 영구히 보유하면 최소한의 투자로 계속 돈을 벌 수 있을까? 굳이 힘들여 계산할 것도 없다. 잘은 몰라도 "그럴 리 없다."는 느낌이 있을 것이다. 기계는 세월이 가고 많이 쓸수록 고장이 늘어나고 수리 비용도 늘어나는 반면, 재화로서의 가치는 떨어지기 마련이기 때문이다. 게다가 성능 좋은 새 물건도 쏟아져 나오지 않는가? 이전 예시에 변수만 조금 바꿔서 어떤 결과가 나오는지 보자.

- **연료비**: 동일하다고 가정하고 무시 – 기계가 낡아 가면서 효율은 조금씩 떨어지겠지만 큰 차이는 없을 것이다.
- **계획 정비 및 고장 수리비용**: 매년 5% 증액 – 고장이 점차 빈번해지고 고가 부품을 교체하는 경우도 증가할 것이다.
- **중고 가격 잔존가**: 최초 취득가 2억원에서 매 해 전년도 잔존가 대비 20%씩 감액

복잡한 표를 생략하고 1년부터 15년까지 계산한 결과를 그래프로 그리면 아래와 같은 모양이 된다.

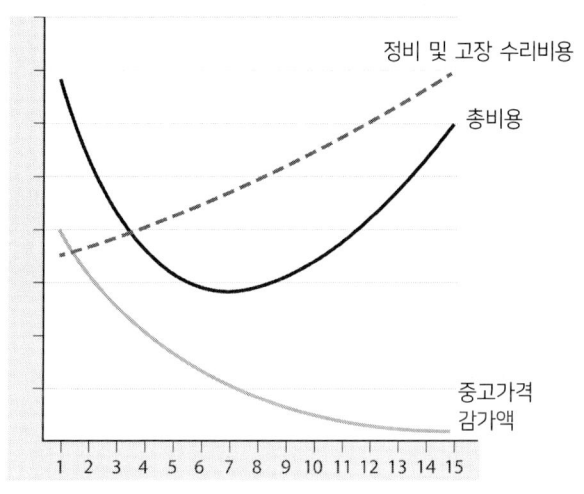

| 그림 5 | 총비용(TCO)로 파악하는 경제수명의 예

　이 트럭이 중고품 시장에 나오면 아무래도 연식 초반에는 값이 좀 빨리 떨어진다고 봐도 크게 이상하지 않을 것이다. 값이 떨어지는 것은 재산 가치가 하락하는 것이다. 그래도 이 재산 가치가 하락하는 크기 자체는 오히려 연식이 오래되어 갈수록 작아지는 경향을 보인다. 노후 장비는 고철 값으로 수렴하기 때문이다. 반면 차를 오래 쓸수록 정비와 수리 비용은 늘어나기 마련이니, 이렇게 반대 방향으로 움직이는 이 두 가지 변수를 더하면 입 꼬리가 위로 웃는 모양의 총비용 그래프가 나오게 된다. (총비용 = 정비 및 수리비용 + 중고 가격 감가액) 즉, 이 예시에선 초기 1년차의 비용이 가장 많이 들어가는데, 이는 중고차의 가치하락 즉, 감가가 컸던 게 큰 이유다. 이후 총비용은 매년 차츰 줄어들다가 7년차에서 바닥을 찍고 다시 늘어나는 양상이 만들어졌다. 늘어난 정비

수리 비용이 차량 감가액보다 훨씬 많기 때문이다.

이 예에서는 총비용이 7년차에 가장 작으므로 7년차에 차량을 교체하는 것이 경제적으로 가장 유리한 선택이 될 수 있다. 이 7년이 트럭의 경제수명 economic useful life이 된다.[6] 물론, 이 트럭을 부품도 갈아주고 애지중지 관리해 주면 7년이 아니라 77년도 쓸 수 있을 것이다. 이러한 수명은 물리적인 기계수명 physical life 이라는 이름으로 불린다. 기계수명은 계속 돈과 노력을 들여 장비를 관리해 주면 늘릴 수 있기 때문에, 경제성을 따질 때 쓸 수 있는 개념은 못 된다. 또한 이 트럭이 실제 작업 현장에서 뽑아내는 가치, 즉, 매출액이 이 차를 유지 보수하는데 들어가는 모든 비용보다 훨씬 크다면 아직 쓸모가 있다고 판단할 수도 있다. 이러한 개념을 효익수명 profit life 라고 한다. 각각은 다음과 같은 부등호 관계가 성립한다.

> 경제수명 < 효익수명 < 기계수명

만약 어떤 트럭을 구입하려고 하는데, 1톤. km당 비용 및 경제수명에 대한 정보가 함께 나와 있다면 어떨까? 사는 사람 입장에서는 더할 나위 없이 유용한 정보가 주어지는 셈일 것이다. 마치 동네 마트에서 우유를 살 때 가격 기준이 '1 그램당 몇 원' 하는 식으로 아주 쉽게 정리 될

---

[6] Zane W. Mitchell이 1998년 학위논문에서 제안한 개념으로 알려져 있다.

것이다. 이 트럭을 만드는 제조사 입장에서는 어떨까? 의도가 아무리 좋더라도 이러한 자료를 섣불리 공개 했다가는 여기저기에서 원망만 듣게 될 것이다. 작업장 마다 주행 여건이 같을 수는 없다. 이런 상황에서 제조자가 밝힌 숫자와 비슷한 결과가 나올 경우가 얼마나 있을까? 반의 반도 안 될 것이라고 생각한다. 그래서 고객들은 "도대체 내 트럭은 제조사가 말한 예측치와 왜 다른 결과가 나오냐?"고 따질 것이며, 그다음 단계로는 "제조사 말에 속아서 차를 샀으니 보상하라!"는 송사에 시달릴 확률이 거의 100%이다. 왜 이런 일이 생겼을까? 이러한 계산이 나올 때 사용된 조건과 개별 고객 각각의 제품 사용 조건이 모두 다르기 때문일 이유가 가장 크다. 앞에서 "고장 = 확률"이라고 했음을 기억하시는가? 다음 장에서 이 같은 경우를 다루는 방법을 살펴본다.

2.3.4 확률을 접목한 민감도 분석

우리 사는 세상사엔 정답이 없거니와 근사한 답이 하나로 딱 떨어질 수도 없다. 불확실한 게 더 많다. 인접한 두 식당에서 동일한 제품의 업소용 냉장고를 들여 놨다 치자. 당연히 소비 전력이 다를 것이다. 식재료가 얼마나 들었는지, 얼마나 더운 식재료가 들어갔는지, 온도 설정은 얼마로 되어 있는지, 문은 얼마나 자주 여 닫는지, 냉장고 밖은 기온은 추운지 더운지, 하다못해 이 냉장고들이 품질은 균일한지와 같은 여러 원인이 각자 영향을 끼친다.

그래서 우리는 확률이라는 개념을 도입해서 이 세상 물정을 설명한다. "전력 소모량이 4kW에서 6kW 사이일 확률이 90% 입니다." 라고 누가 말한다 치자. 잘은 몰라도 무척 과학적으로 들리지 않는가? 불확실성이라도, 아니 오답이라도 용서할 수 있을 듯하다. 이게 확률을 접목한 표현 방식이다.

결과치를 확률로 말해야 할 땐 원인이 되는 변수도 이 단어 그대로 '변할 수 있는 수' 일 때이다. 그래서 이런 변수가 달라진다면 결과가 어떻게 영향을 받을 지 알아보는 것이 필요하다. 이러한 검토 방식을 민감도 분석 sensitivity analysis 의 한 범주로 볼 수 있다. 구체적인 감을 잡기 위해, 같은 트럭에 대해 아래와 같은 예를 들어 보자.

- 연료비
    - 하한치: 매년 7천5백만원
    - 평균치: 매년 8천만원
    - 상한치: 매년 9천만원
- 정비 부품(계획 정비): 매년 1천만원 동일
- 수리 비용(고장 수리)
    - 하한치: 매년 8백만원
    - 평균치: 매년 1천만원
    - 상한치: 매년 3천만원

연료비 예상치의 평균은 매년 8천만원으로 전과 달라진 게 없다. 하지만 운전자별로 운전습관과 숙련도에 따라 유류 소비량이 달라지기 마련이다. 게다가 유가 상승이 있을 수 있으니, 연료비를 조금 보수적으로 즉, 좀 더 지출이 많아질지도 모른다고 가정해도 큰 무리가 아닐 것이다. 수리 비용 역시, 운이 없든 운전자 과실이나 차량 결함 중 구분하기 어려운 이유가 있든 간에, 더 들어갈 경우도 있다고 생각할 만한 여지는 늘 있다.

앞에서 계산했던 경제적 효익표에, 위의 상한치 - 하한치 변수를 각각 대입해 보면 아래와 같은 그래프가 나온다. 최상의 시나리오에선, 5년간 매출 이익 합계가 322,500천원이고, 반대로 최악의 경우엔 137,500천원까지 나빠질 수도 있다는 것을 알 수 있다.

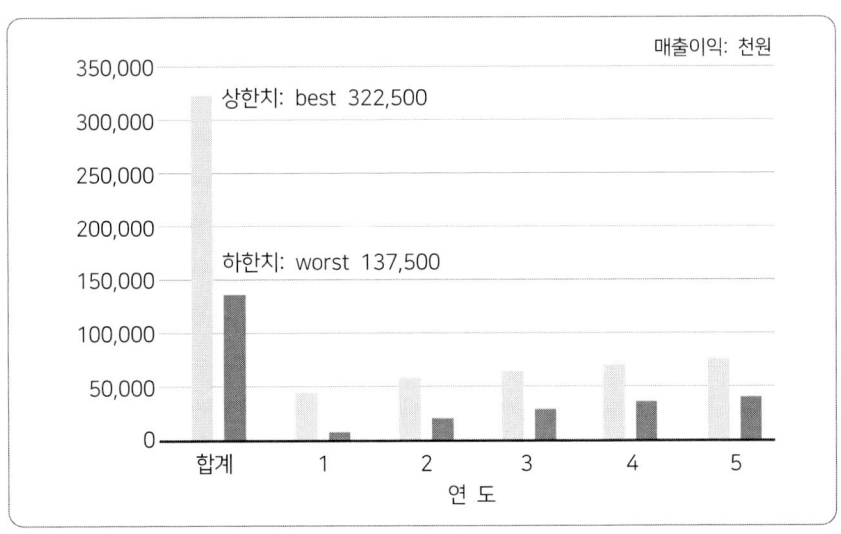

그런데 아쉬운 게 있다. 결과를 숫자로 보여주는 것 까지는 좋은데, '운 좋으면 얼마, 운 나쁘면 얼마. 따지지 마. 하여간 그래.' 처럼 들리지 않는가? 특히 좋은 경우와 나쁜 경우의 수치 차이가 아주 큰 경우에는 더더욱 의미 없는 숫자 놀음이 된다.

그래서 중요한 변수가 발생할 수 있는 가능성을 확률 분포로 나타내면, 결과 역시 이러한 확률을 반영하여 어떤 결과가 가장 유력한지 알아볼 수 있을 것이다. 변수를 아래와 같이 바꾸어 가정해보자.

- **연료비**
    - 매년 7천5백만원(발생 확률 10%)
    - 매년 7천8백만원(발생 확률 20%)
    - 매년 8천만원(발생 확률 50%)   } 합계 100%
    - 매년 8천5백만원 (발생 확률 10%)
    - 매년 9천백만원 (발생 확률 10%)

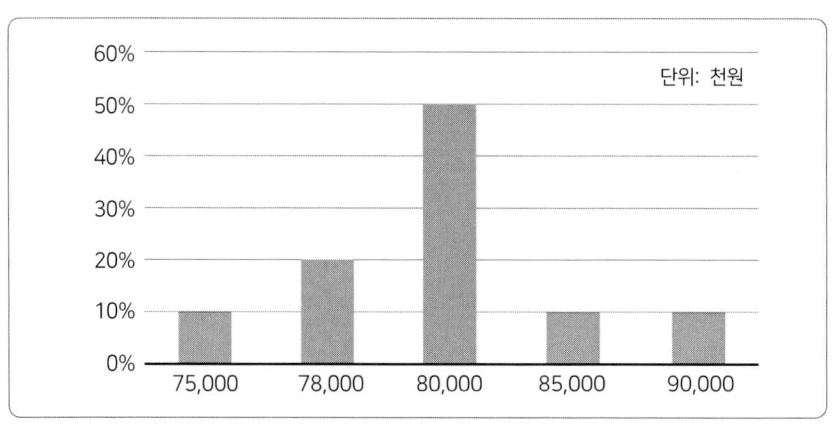

- 수리비
    - 매년 8백만원(발생 확률 10%)
    - 매년 9백만원(발생 확률 20%)
    - 매년 1천만원(발생 확률 55%) } 합계 100%
    - 매년 2천만원(발생 확률 10%)
    - 매년 3천백만원(발생 확률 5%)

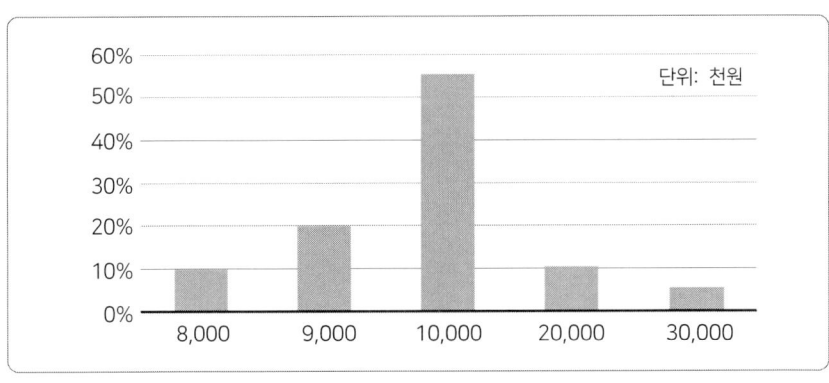

 우린 학교 다닐 때 네모난 주사위를 여러 번 던지면 1부터 6까지의 수 중에 어느 하나가 나올 확률은 1/6 이라고 배웠다. 변수를 발생할 수 있는 몇 가지 경우로 나누고 그것이 나타날 수 있는 확률을 부여하는 것은 경험치나 과거 사례를 참고할 수도 있고, 정규분포 모델을 적용할 수도 있다. 정규분포는 세상사 수많은 경우를 설명하는 개념이다. 예를 들어 운전 방식과 습관이 연료비의 차이를 가져 올 수 있다고 했다. 운전자 10명이 있다고 해 보자. 그 중 5명은 평균치에 근접하고 숙련된 3명은 평균보다 조금 나은 수준, 나머지 2명은 평균에 훨씬 못 미치는 상황이 있을 수 있다. 사람이 아닌 요인도 있다. 동일한 숙련 운전자가 운전한다고 가정하면 이때의 연료비 변수는 유가가 얼만큼 오르고 내리는지에 따라 달라질 것이다. 즉, 사람의 노력이 개입할 수 있는 가능성이 줄어들고 예측하기 힘든 외부 변수에 따라 좌우되는 것이다. 이런 경우에는 연료비의 하한치와 상한치 구간을 정해 두고 발생 확률은 무작위가 되도록 할 수도 있다. 검토하려는 목적에 가장 잘 들어 맞을 것 같은 방식을 취하면 된다.

이제부터 유류비를 계산할 과정은 주사위를 던지는 것과 비슷하다. 다만 반듯하게 생긴 주사위가 아니라 '매년 8천만원' 이라 쓰여진 면이 나올 확률이 절반인 편파적으로 생긴 주사위를 여러 번 던지는 것이다. 이 주사위를 처음 던졌을 때는 연료비가 '8천만원'이 나올지도 모른다. 그 다음 번에 주사위를 던졌을 때는 연료비가 '7천8백만원'이 나올 수도 있을 텐데, 이 과정을 1,000번이나 10,000번쯤 반복한다고 하자. 제법 믿을 만한 예측치가 나오지 않을까?

이러한 검토 방식을 몬테 칼로 시뮬레이션 monte carlo simulation이라고 한다. 엑셀을 써서 계산하는 경우를 예로 들면, 주사위를 던지는 일은 Random 함수 즉 rand( ) 함수로 난수(아무 숫자)를 발생시키는 것과 같다. 예를 들어 앞에서 연료비 7천5백만원은 10%의 확률로 나올 것으로 예상했다. 연료비와 발생 확률을 짝 지우는 방법은 난수를 몇 개 구간으로 나누어 서로 대응시키는 것이다. 컴퓨터에서 난수를 만들면 예외 없이 0에서 1 사이의 숫자를 만들어 준다. 그래서 10%의 확률을 만들어 내는 방법은 0에서 0.1까지의 숫자가 나올 확률과 같게 하는 것이다. 그래서 0에서 0.1까지는 연료비 7천5백만원을 대입하면 확률 10%가 나오게 정할 수 있다.

아래 나온 표는 이 과정을 나타낸 것이다. Rand( ) 함수가 두 번 나온 건 연료비와 고장수리비 각각에 대해 난수를 따로 만들어 돌렸기 때문이다.

표 2 랜덤함수를 이용한 확률분포 대입 (비용단위는 천원)

No	Rand( )	연료비	Rand( )	고장수리비	운용비용	매출이익
1	0.28	78,000	0.82	10,000	490,000	297,500
2	0.84	85,000	0.04	8,000	515,000	272,500
3	0.44	80,000	0.13	9,000	495,000	292,500
4	0.89	85,000	0.03	8,000	515,000	272,500
5	0.83	85,000	0.83	10,000	525,000	262,500
6	0.44	80,000	0.09	8,000	490,000	297,500
7	0.93	90,000	0.94	20,000	600,000	187,500
8	0.95	90,000	0.67	10,000	550,000	237,500
9	0.6	80,000	0.19	9,000	495,000	292,500
10	0.4	80,000	0.35	10,000	500,000	287,500
11	0.59	80,000	0.42	10,000	500,000	287,500
12	0.65	80,000	1	30,000	600,000	187,500
13	0.97	90,000	0.91	20,000	600,000	187,500
14	0.24	78,000	0.75	10,000	490,000	297,500
중략	…	…	…	…	…	…
1,000	0.75	80,000	0.88	20,000	550,000	237,500

1,000번을 돌려본 결과, 매출이익 287,500백만원이 나온 결과치가 전체의 30%를 차지하는 것으로 나왔다.[7] 그 다음으로 많이 나올 수 있는 결과치는 297,500백만원으로서 17% 정도를 차지했다. 최소값인 137,500백만원이나 최대값인 322,500백만원은 극히 낮은 빈도를 나타내어 현실적으로 크게 고려해야 하는 수치는 아님을 알 수 있다.

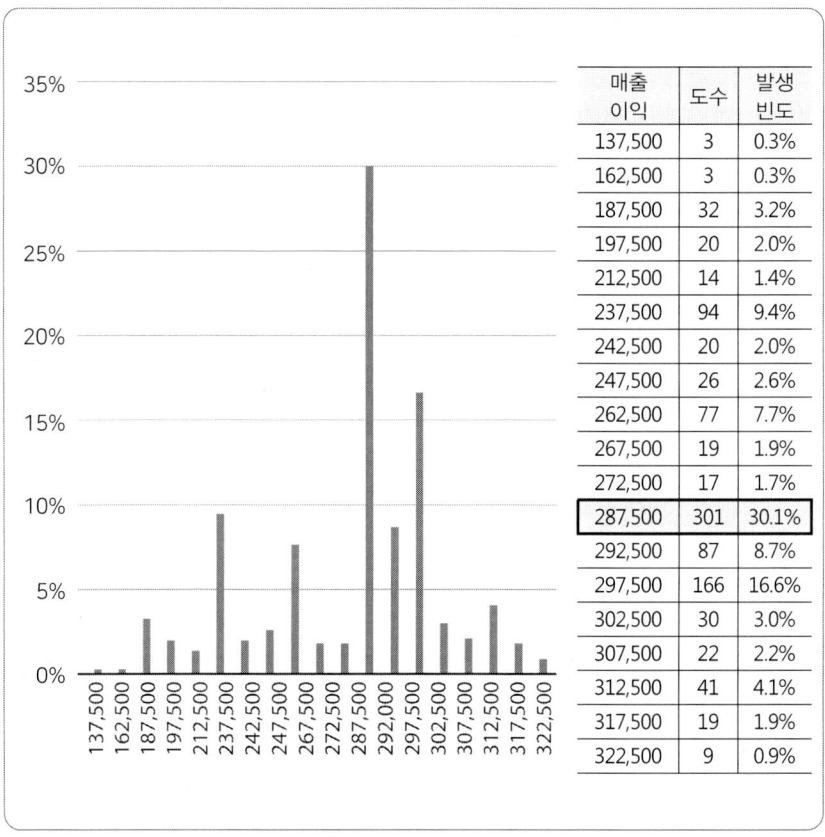

---

7) 특정 결과치가 몇 개나 나왔는지 세는 것은 빈도를 파악하는 것과 같다. 엑셀이라면 빈도 파악을 위해 frequent( ) 함수를 쓰거나 피벗 테이블을 만들어서 결과치의 합계 대신 '개수'를 선택하면 히스토그램을 그릴 수 있는 도수분포표를 만들 수 있다.

3. 중고품 가치, 잔존가에 대한 이해

여기선 적지 안이 지면을 할애해 중고품 잔존가 residual value 를 다뤄 보고자 한다. 잔존가는 중고품 가격이다. 잔존가는 앞서 TCO를 설명할 때 자본비용의 일부라고 수식에서 간단히 소개한 게 전부였다.

> 자본비용 = 취득가 − 잔존가 + 각종 제세금 및 보험료

공식 자체로는 어렵지 않다. 그런데 이 잔존가는 얼마인지 파악하기가 쉽지 않다. 회계적인 관점이라면 단순하게 '신품 가격의 20%' 같은 식으로 그냥 정하면 된다. 하지만 TCO를 계산하는 입장에서 잔존가는 그 비중이 절대 작지 않다. 자동차 리스 상품이나 중고차 값 보장 할부 상품을 봐도 잔존가가 상품 경쟁력에 있어 중요한 요소임을 알 수 있을 것이다. 특히 이번 장은 숫자가 많고 통계 개념이 있어 읽기 힘들겠지만, 다음 장을 읽으면 왜 중고품 가격을 이렇게 중요하게 여겼는지 이해할 수 있으리라 본다.

잔존가와 잔존가율

　모든 제품은 공장에서 완성되어 나오는 순간부터 감가가 시작된다. 공장에서 방금 나왔으면 상관없지만, 어느 정도 기간이 지나면 물건은 서서히 가치를 잃어간다. 다만 시장에서 얼마나 인기가 있느냐에 따라서 가치를 잃어가는 속도가 달라질 뿐이다. 특별히 수집가에게 눈에 띌 만한 희소성이 있거나 사회나 역사적으로 의미가 있다면 예외적으로 신품보다 더 비싼 값이 나갈 수도 있지만 골동품은 이 책의 대상이 아니다.

　중고거래가 빈번한 제품은 중고품 시장이 형성되어 있다. 중고 시장에서 통용되는 가격이 있다면 그걸 조사하면 된다. 또는 중고 시세가 나온 책자가 있다면 그걸 참고할 수도 있다. 어떤 물건이던 중고 가격은 연식과 사용량에 따라 가치가 내려간다. 자동차 잡지 뒷면에 나오는 승용차의 중고차 가격표만 봐도 연식을 기본으로 하고 보충 자료로서 주행거리 별로 차등을 두는 것을 볼 수 있다.

　대부분 중고 시세는 현재 가격이 얼마인지만 다룬다. 하지만 현재 가격이 좋은 가격인지 헐값인지 알려면, 이 물건이 처음에 샀을 때 얼마였는지 알아야 한다. 그래서 '신품 대비 몇 %' 라는 식의 개념으로 설명해야 이해가 쉽다. 이를 비율로 나타낼 때는 잔존가율로 부르고 있다. 잔존가율은 중고품 가격을 새 제품 가격으로 나누어 백분율을 씌운 값이다.

예를 들어 자동차 모델 A 신제품 가격이 5년 전에 2천만원이었고, 지금은 중고거래가가 5백만원이라면, 5년 후 잔존가율은 5백만원 / 2천만원 = 25%가 된다. 물론 지금의 5백만원은 5년 전과 비교하면 가치가 작다. 정확히 계산하려면 이 부분에 대해서도 고려가 필요하지만 여기선 편의상 시간 가치는 생략한다.

중고품 가격은 획일적으로 정해질 수 없다. 1년 된 중고차가 5만 km를 달릴 수도 있고, 5년 된 중고차가 1만 km를 달린 경우도 있다. 같은 물건이라도 중고품의 가격은 수요 등락이나, 파는 사람과 사는 사람간의 정보 격차나, 지역에 따라 모두 다르다. 그래서 중고품 거래 시세를 그래프에 표시하면 무수히 많은 점이 찍힌다. 잔존가율을 검토할 땐 더 복잡해진다. 잔존가율을 계산하려면 중고품 시세와 더불어 이 중고품의 과거 신품 가격도 알아야 하는데, 이 신품 판매 가격도 엄밀히 말하자면 믿기 어려운 경우도 생긴다. 예로서 어떤 메이커가 비인기 모델에는 정가 대비 할인율을 높게 주었을 수도 있고, 연말에 판매 실적을 끌어올리려고 대대적인 프로모션을 펼쳤을 수도 있다. 새 모델이 출시되기 전에 구 모델에는 더욱 좋은 조건을 내건다. 이 모든 것까지 검토하려면 끝없이 다양한 경우에 대한 자료를 모아야 한다. 따라서 현실적인 한계를 감안하여 어느 정도의 오차는 감안할 수밖에 없다. 그래도 이렇게 모은 잔존가율을 보면 어떤 경향성은 보일 것이다. 이 경향성을 선을 그려 표시하면 추세선이 나온다. 모을 수 있는 자료의 양만 충분하다면 이러한 자료를 제조사별,

모델별, 연식별, 사용량(주행거리)별로 분류하면 좀 더 정확한 분석을 할 수 있다.

예를 들어보자. 아래 그림은 어떤 굴삭기 특정 모델의 중고 시세를 모아서 신제품 가격 대비 잔존가율을 장비의 사용시간에 따라 엑셀 분산형 그래프 기능으로 점을 찍어 본 것이다. 참고로, 기계류에는 사용시간이 기록되어 자동차의 적산거리계와 같은 역할을 하는 것이 많다.

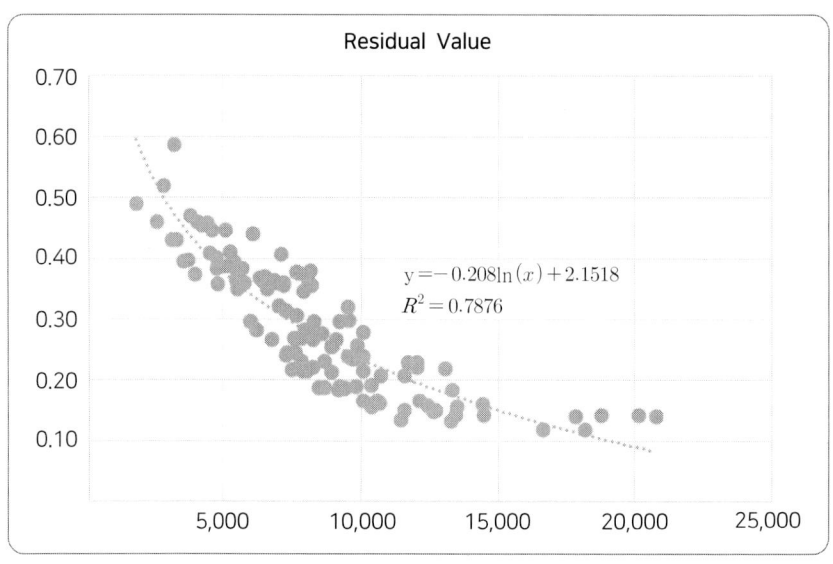

|그림 6| 기계 사용시간(가로축)에 대한 잔존가율(세로축: 중고품 가격 / 신품 가격 × 100%)

이번에는 굴삭기 연식을 기준으로 잔존가율을 그려 보았다.

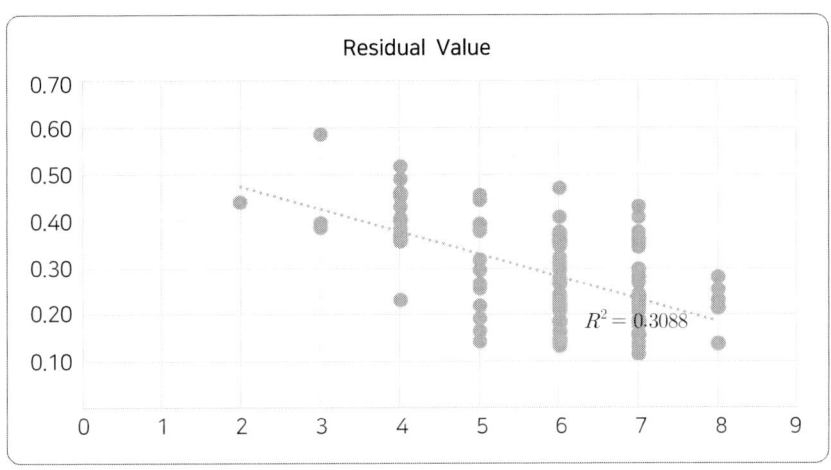

| 그림 7 | 기계 연식(가로축)에 대한 잔존가율(세로축: 중고품 가격 / 신품 가격 × 100%)

수식 같은 건 잘 몰라도 눈으로 딱 보기에도 굴삭기 잔존가율을 설명하는데 연식 보다는 사용시간이 더 정확하겠다는 느낌을 받는다. 그 이유는 장비 사용시간을 기준으로 한 잔존가율은 추세선쪽으로 몰려 있는 데 반해, 장비 연식 기준을 기준으로 할 때는 잔존가율이 추세선의 위 아래에 멀리 퍼져 있기 때문이다.

잔존가율 검토

앞에서 장비의 연식과 사용시간에 따라 잔존가율이 어떻게 영향 받을 지를 검토하는 과정은 통계에서 말하는 회귀분석 regression analysis 에 해당한다. 이 책에서 통계까지 다룰 능력은 없지만, 요즘엔 엑셀만 써도 회귀분석이 가능하다. 여기에서도 분산형 그래프를 그리고 마우스 오른쪽

버튼을 눌러 추세선을 하나 그림으로서 두 변수간의 관계를 알 수 있었다. 추세선을 그릴 때는 제곱 곡선, 세제곱 곡선, 직선, 로그선 등 몇 가지의 선택사항이 나오는데, 변수와 결과 사이의 관계를 가장 잘 설명할 수 있을 것 같은 선을 고르면 된다.

예를 들어, 중고품 가격이라는 건 상식적으로 봐도 시간이 가면 계속 떨어지다가 아주 오래 되면 0원에 수렴하거나 적어도 고철값에 수렴할 것이다. 그래서 잔존가율이 음수로 떨어질 수 있는(폐기물 처리 비용이 고철값만도 못한 상황) 직선형이나, 잔존가가 처음에는 떨어지다가 얼마 지나면 다시 위로 솟구칠 수 있는(중고품 값이 오르다니? 노사분규로 신품판매가 끊기지 않고서야 말이 안 된다.) 세제곱 형태의 곡선은 버려도 될 것이다. 앞에선 사용시간에 대한 잔존가율의 추세선으로 로그 곡선을 취했다. 로그선도가 다 맞다는 게 아니라, 내가 가진 잔존가 분포에 가장 근접한 모습이기 때문이었다. 그리고 연식에 대한 잔존가율 추세선은 직선으로 그려 보았다. 잔존가율이 별로 질서 없이 흩어진 모습을 보여 연식과 잔존가율간의 상관관계가 낮으므로 굳이 다른 추세선 곡선을 쓸 이유도 없기 때문이다.

연식이나 사용시간 같은 변수(독립변수라고도 한다)에 따라 잔존가율이라는 결과(종속변수라고도 한다)가 얼마나 밀접한 관계가 있는지를 나타내는 것이 상관관계이다. 그리고 상관관계 R^2는 결정계수 coefficient of determination 라고 하는데, R^2 결정계수는 1에 가까울수록 변수와 결과 사이의 상관관계가 높아진다는 것을 뜻한다. 그래서 위의(그림6) 장비 사용시간에 대한 잔존가율의 결정계수는 1에 가까운 수가 나왔고, 연식에 대한(그림7) 결정계수는 0.3정도로 낮은 값이 나온 것이다.

해외에 어떤 굴삭기 잔존가 책자가 있었다. 여기에 나온 잔존가율은 연식을 기준으로 적혀 있었는데, 적어도 여기서 예를 든 굴삭기 기종은 이러한 시중 책자 내용보다 직접 조사한 사용시간을 기준으로 한 상관관계식이 더 정확하다고 할 수 있을 것이다. 남이 만든 책이라고 다 맞는건 아닌 셈이다. 그런데, 이 굴삭기의 잔존가를 예측할 때 결정계수가 낮게 나온 연식은 배제하고 사용시간만 활용하면 될까? 즉 그림6의 그래프에 나온 것처럼, 잔존가 (×100%) = −0.208 ln(사용시간) + 2.1518 로 계산하면 되는 것일까?

꼭 그렇지는 않다는 생각이다. 연식이 사용시간 보다 결정계수가 낮았지만 그렇다고 잔존가율과 전혀 무관하다고 볼 수도 없는 애매한 관계이긴 하다. 이런 경우에 두 가지 변수 모두를 고려한 다중회귀분석 multiple regression 을 사용할 수 있다. 다중회귀분석은 결과에 영향을 미칠 것으로 보이는 변수가 여러 가지 일 때, 좀 더 정확한 상관관계를 알아보기 위해 사용하는 방법이다. 통계를 잘 모르고 통계 전용 소프트웨어를 쓰지 않아도, 핵심적인 개념을 이해해면 엑셀로도 얼마든지 다중회귀 분석을 계산할 수 있다. 예를 들기 위해 앞서 그래프를 그렸던 원 수치 자료 중 일부를 다음 그림8에 표시했다.

	A	B	C	D	E
1	ID	Hour Used	Ln(Hour Used)	Age	Residual Value
2	1	6,488	8.8	6	0.37
3	2	5,237	8.6	6	0.41
4	3	4,388	8.4	5	0.46
5	4	16,615	9.7	7	0.12
6	5	7,834	9.0	8	0.22
7	6	8,215	9.0	8	0.28
8	7	7,787	9.0	8	0.23
9	8	20,753	9.9	8	0.14
10	9	17,800	9.8	8	0.14
11	10	5,498	8.6	6	0.35
12	11	8,025	9.0	8	0.22
13	12	8,892	9.1	8	0.26
14	13	10,658	9.3	7	0.16
15	14	6,400	8.8	7	0.36
16	15	13,262	9.5	7	0.13
17	16	10,334	9.2	7	0.16
18	17	12,008	9.4	6	0.23
19	18	10,671	9.3	6	0.21
20	19	8,225	9.0	6	0.22
21	20	9,138	9.1	6	0.18

그림 8 사용시간과 연식별 잔존가 자료 일부

표의 B열, C열에는 장비 사용시간과 거기에 자연 로그 ln 값을 취한 값이 각각 나와 있다. 즉 맨 윗줄(2행)을 예를 들면 $8.8 = \ln(6,488)$이 되는 식이다. 다중회귀를 하려는데 ln(C열)을 취한 값을 일부러 끼워 놓은 이유는 앞서 추세선을 그려 보았을 때, 장비 사용시간에 ln을 취한 값을 변수로 사용했을 때, 가장 높은 결정계수(R^2)가 나왔기 때문이다. 마찬가지 이유로 연식(D열)에 대해선 앞에서도 추세선을 직선 형태로 그렸기 때문에 잔존가율과 연식간의 관계를 선형적인 linear 관계로 보아 연식의 수치 그대로를 변수로 사용하려는 것이다.

엑셀에서 아래 같이 입력하면 다중회귀 분석을 할 수 있다.[8]

▌그림 9 ▌ 회귀 분석 대화상자

확인을 누르면 아래 그림과 같은 결과물을 보여준다. 이 결과가 앞서의 그래프 같이 눈에 쏙 들어오는 양식은 아니지만, 가장 중요한 정보는 '계수'에 표시되어 있고, 잔존가율을 아래 수식으로 나타낼 수 있게 해준다.

---

8) 엑셀의 메뉴 중 '데이터' ⇨ '데이터 분석' ⇨ '회귀분석' 을 선택한다. 이 기능은 엑셀의 '옵션'에서 추가기능을 사용으로 설정해야 쓸 수 있다. 잔존가율이 Y축 입력 범위에 해당하고 In (사용시간)과 연식이 X축 입력 범위에 해당한다. 위의 원 수치 자료 그림에는 지면상 다 표시하지 않았지만 본 수치 데이터는 각 변수의 이름이 나온 1행을 포함해 총 115행의 자료가 있었다.

잔존가율 = −0.19259×ln(사용시간)−0.01107×연식+2.077375

	A	B	C	D	E	F	G	H	I
1	요약 출력								
2									
3	회귀분석 통계량								
4	다중 상관계수	0.894127							
5	결정계수	0.799464							
6	조정된 결정계수	0.79585							
7	표준 오차	0.048246							
8	관측수	114							
9									
10	분산 분석								
11		자유도	제곱합	제곱 평균	F 비	유의한 F			
12	회귀	2	1.030012	0.515006	221.2578	1.87E-39			
13	잔차	111	0.258367	0.002328					
14	계	113	1.288379						
15									
16		계수	표준 오차	t 통계량	P-값	하위 95%	상위 95%	하위 95.0%	상위 95.0%
17	Y 절편	2.077375	0.094052	22.08747	1.98E-42	1.891004	2.263746	1.891004	2.263746
18	Ln(Hour Used)	-0.19259	0.011687	-16.4795	1.34E-51	-0.21575	-0.16944	-0.21575	-0.16944
19	Age	-0.01107	0.004328	-2.5578	0.011882	-0.01965	-0.00249	-0.01965	-0.00249

그림 10 다중회귀 결과

통계학이 이 책에서 다루려고 하는 내용은 아니다. 하지만 조금만 시간을 들여 활용법을 공부하면 숫자 속에는 메시지들이 들어 있다는 걸 알게 된다.

결정계수(R^2)가 0.799464가 나왔다. 앞에서 장비 사용시간만 가지고 그래프를 그렸을 때 나왔던 결정계수 0.7876보다는 높은값이 나왔기 때문에, 다중회귀의 결과가 잔존가를 단일 변수를 가지고 분석했을 때보다 더 정확히 예측할 수 있다는 뜻으로 볼 수 있다.

표준오차는 0.048246으로 나왔다. 이 뜻은 잔존가율이 0.048246 × 100% = ±4.8% 만큼 오차 범위를 갖게 된다는 뜻이 된다. 앞서 구한 잔존가율 계산식에서 잔존가율 = −0.19259×ln(사용시간)−0.01107 × 연식 + 2.077375 에다, 표준오차인 +4.8%와 −4.8%를 각각 더해 주면 그 숫자 범위 안에 잔존가율이 들어갈 확률은 68%이다. 계산식에서 나온 결과값이 실제 결과와 들어맞을 확률을 68%에서 95%로 올리고 싶으면, 이 결과값에 각각 +4.8%×2=+9.6%와 −4.8%×2=−9.6%를 더하고 뺀 만큼의 구간을 예상값으로 제시하면 된다. 이때 표준오차에 2를 곱한 것을 2표준편차 또는 2σ, 2시그마라고 한다.

예를 들어 그림 8의 표의 첫 번째 행에 나오는 사용시간 6,488시간, 사용 후 6년 경과한 굴삭기를 잔존가율 공식에 대입해 보자.

잔존가율 = −0.19259×ln(6,488)−0.01107×6+2.077375=0.32(32%)

같은 표의 오른쪽 끝에 나와 있듯이, 실제 조사된 잔존가율은 0.37 (37%)였기 때문에 계산치 32%와 5% 포인트 차이가 났다. 이 5% 포인트가 오차는 맞다. 이런 상황에서 표준 오차의 개념을 접목하면 수치를 좀 더 분명하게 읽을 수 있게 되는 것이다. 다중회귀 결과에서 표준 오차가 +4.8%로 나타났다. 따라서 5% 만큼의 오차는 표준 오차 정도라고 말해도 된다. 그리고 "6년 동안 6,488 시간 가동된 이 굴삭기(표본)의 잔존가율은 32%로 계산되었고, 실제로 시중에서는(모집단 평균) 32% − 4.8% 포인트인 27.2%에서 32% + 4.8% 포인트인 36.8% 사이 값으로 추정하면 다른 표본으로도 같은 공식을 대입해 신뢰구간을 표본 개수만큼 만들 때, 신뢰구간 여러 개 중 68%는 모집단 평균이 포함되어 있을 겁입니다."라고 말할 수 있게 된다. 계산치 32%가 실제로 들어맞을 확률이 68%라는 뜻이 절대 아니다. 68%가 너무 작다고 느껴져서 신뢰수준을 95%로 올리고 있으면 표준 오차를 2배로 높여서 보면 된다. 즉, "6년 동안 6,488 시간 가동된 이 굴삭기를 실제 거래하면 잔존가가 32%−9.6% 포인트인 22.4%에서 32% + 9.6% 포인트인 41.6% 사이 값으로 놓이게 될 경우가 95%입니다."로 말할 수 있다.

자료 조사의 정확성 향상

지금까지 회귀 분석을 통해 알아본 잔존가율 계산치에서 신뢰수준 95%를 얻기 위해 반영해야 하는 오차 범위가 얼마였는지 보자. 부호는 빼고 4.8% × 2 = 9.6% 즉, 위아래로 거의 ±10%로 나타났었다. 전문적으로 영업상품을 만들거나 고객과 약속을 해야 하는 상황이라면 이러한 오차 범위는 무척 큰 것이다. 그나마 오차가 + 방향으로만 나와 주면, 즉 잔존가가 높게 나와 주면 참 고마운 일이 아닐 수 없지만 – 방향으로도 얼마든지 나올 수 있다. "10건을 거래하는 동안 내내 계산치 대비 값을 후하게 받았으니, 앞으로도 그렇지 않겠어?"라고 하면 안 된다.

오차 범위를 줄이는 방법을 생각해 보자. 표준 오차가 작아지면 된다. 그리고 표준 오차가 적으려면 조사한 변수(연식이나 사용시간 같은 독립변수)와 결과(잔존가율 같은 종속변수) 간에 높은 상관관계가 나타나도록 해야 한다. 그러려면 표본으로 조사된 잔존가율에 들쭉날쭉한 값이 있으면 안 된다. 이렇게 변수간의 상관관계가 떨어지는 특이값 Outlier 은 상관관계를 나타내는 결정계수(R^2)를 낮아지게 하고 표준오차를 크게 만들어 낸다. 앞서 그래프에서도 봤듯이 추세선과 멀리 떨어져 있는 값들이 특이값들이다.[9]

그래서 오차 범위를 줄이려면 특이값이 사라져 주면 된다. 다행히도 이러한 특이값들은 나름의 사연이 있는 경우가 많다. 예를 들어 특정 물건 중고 거래가가 너무 싸다면 이전 주인의 채무 때문에 저당, 가압류가 설정되어 있어, 거래가에서 돈을 더 들여야 온전히 소유권을 가질 수 있다. 또는 유난히 시장에서 인기 없는 기종이거나 값비싼 옵션 장치가 달려 있을 지도 모른다.[10]

---

9) 회귀분석에서는 예측값과 실제값 차이 절대값이 표준오차의 2배를 넘는 값을 특이값 / 아웃라이어(Outlier)라고 한다.
10) 굴삭기로 치면 특수집게나 팔이 긴 장비 같은 값 비싼 어태치먼트 옵션이 얼마든지 있을 수 있다.

그래서 특이값을 없앤다고 하여 마음에 안 드는 이러한 표본을 검토 자료에서 빼는 것을 생각할 수도 있겠지만, 어차피 복잡한 계산은 엑셀에서 해 주기 때문에[11] 변수를 몇 가지 더 두더라도 잔존가율에 영향을 줄 수 있는 다양한 변수들을 함께 조사해서 자료를 충실하게 만들어 두는 것이 정석이다. 승용차 중고차 거래할 때도 "선루프 있으면 얼마, 특정색상이면 또 얼마" 하는 식으로 시세에서 가감해 주지 않는가?

표본 자료에 아래와 같이 연식과 사용시간 외에도 장비 관리 상태의 양호 여부나 특수 옵션 사양 부착 여부, 고가 부품이 이미 교체 수리가 되어 있는지 같이 가격에 영향을 줄 수 있는 추가 정보가 더해진다고 가정해 보자.

	B	C	D	E	F	G	H	I
1	Hour Used	Ln (Hour Used)	Age	장비상태 (1-5)	특수 어태치 여부	오버홀 수리여부	권리이전 추가비용	Residual Value
2	6,488	8.8	6	3	1	-	-	0.37
3	5,237	8.6	6	3	-	-	-	0.41
4	4,388	8.4	5	4	-	-	-	0.46
5	16,615	9.7	7	3	-	-	-	0.12
6	7,834	9.0	8	2	-	-	-	0.22
7	8,215	9.0	8	3	-	-	-	0.28
8	7,787	9.0	8	3	-	-	-	0.23
9	20,753	9.9	8	3	1	1	-	0.14
10	17,800	9.8	8	3	-	-	-	0.14
11	5,498	8.6	6	3	-	-	-	0.35
12	8,025	9.0	8	2	-	-	-	0.22
13	8,892	9.1	8	3	-	-	-	0.26
14	10,658	9.3	7	2	-	-	-	0.16
15	6,400	8.8	7	3	-	-	-	0.36
16	13,262	9.5	7	1	-	-	-	0.13
17	10,334	9.2	7	1	1	-	-	0.16
18	12,008	9.4	6	3	-	-	-	0.23
19	10,671	9.3	6	3	-	-	-	0.21
20	8,225	9.0	6	2	-	-	-	0.22
21	9,138	9.1	6	1	-	-	-	0.18

---

[11] 엑셀은 독립변수를 15개까지 다룰 수 있다고 한다.

이번에도 회귀 분석창을 띄워서 Y축 입력 범위에는 I열을 입력하고 X 축 입력 범위에는 C, D, E, F, G, H열 등을 입력하면 아래와 같은 결과가 나온다.

	A	B	C	D	E	F	G	H	I
1	요약 출력								
2									
3	회귀분석 통계량								
4	다중 상관계수	0.950918							
5	결정계수	0.904245							
6	조정된 결정계수	0.898876							
7	표준 오차	0.033955							
8	관측수	114							
9									
10	분산 분석								
11			자유도	제곱합	제곱 평균	F 비	유의한 F		
12	회귀		6	1.165011	0.194168	168.4065	3.85E-52		
13	잔차		107	0.123368	0.001153				
14	계		113	1.288379					
15									
16			계수	표준 오차	t 통계량	P-값	하위 95%	상위 95%	하위 95.0%	상위 95.0%
17	Y 절편		1.992796	0.086288	23.09471	2.26E-43	1.82174	2.163851	1.82174	2.163851
18	Ln(Hour Used)		-0.19548	0.009583	-20.3986	1.16E-38	-0.21448	-0.17648	-0.21448	-0.17648
19	Age		-0.01071	0.003064	-3.49593	0.000689	-0.01679	-0.00464	-0.01679	-0.00464
20	장비상태(1-5)		0.035814	0.005386	6.648839	1.29E-09	0.025136	0.046492	0.025136	0.046492
21	특수 어태치 여부	0.046015	0.011431	4.025352	0.000106	0.023354	0.068677	0.023354	0.068677
22	오버홀 수리여부	0.055991	0.01312	4.267761	4.28E-05	0.029983	0.081999	0.029983	0.081999
23	권리이전 추가비용		-4.7E-06	9.01E-07	-5.19951	9.66E-07	-6.5E-06	-2.9E-06	-6.5E-06	-2.9E-06

이전에 나왔던 결정계수(R^2)는 0.799464였는데, 잔존가에 영향을 주는 세부적인 내용을 더해 분석하니 0.904245에 달하는 결과가 나왔다. 표준오차도 0.048246에서 0.033955로 줄어들었다. 이로서 알 수 있는 것은, 잔존가율의 특이값도 그 자체가 문제라기보다는 잔존가율에 영향을 미치는 변수가 제대로 파악되지 않아서 나오는 경우도 있다는 것이다.

정확도가 높아진 대신 잔존가율에 대한 식이 아래와 같이 복잡해지기는 했다.

잔존가율(×100%) = − 0.19548 × ln(사용시간) − 0.01071 × 연식
+ 0.035814 × 장비상태 점수(1점부터 5점 사이) + 0.046015
× (특수 어태치 여부: 있으면 1 없으면 0) + 0.055991
× 오버홀 수리여부(되어 있으면 1 아니면 0) − 4.72 × 106
× (권리이전에 드는 추가비용) + 1.992796

좀 더 정교한 해석을 원한다면 얼마든지 다른 변수를 추가해서 복잡하게 만들 수도 있을 것이다. 예를 들어 해당 중고품이 팔린 해에 경제 상황이 좋았다면 찾는 사람이 많아져서 중고품 가격도 올랐을 수 있다. 신제품이 환경 규제를 맞추느라 좋아진 것은 별로 없이 값이 오르면서 유지비용이 더 든다면, 관리하기 좋은 중고품 인기도 같이 올라간다. 또는 지역별로 물량이 흔한지 귀한지, 일반적인 판매였는지, 연말 급매물이었는지 같은 요소들까지 변수로 추가해서 잔존가율 예측식을 만들어 낼 수 있다.

다시 앞으로 돌아가 보자.

이 굴삭기의 잔존가율을 예측할 때 잔존가율의 공식을 그대로 쓰면 되는 것일까? 아니면 보수적으로 보기 위해 계산치에서 얼마를 빼주어야 할까? 이에 대한 답은 각자의 판단에서 나와야 한다. 힌트는 이미 다 나왔다. 68% 정도의 신뢰도를 가져도 괜찮으면 계산식에서 표준편차만큼을 더하거나 빼주면 된다. 신뢰수준이 95% 정도로 높아야 한다면 표준 편차를 2배수 만큼을 더하고 빼준 값을 각각 상한선과 하한선으로 고려해 주면 된다.

잔존가 보장이 포함된 상품을 만든다고 쳐보자. 고객이야 잔존가율을 높게 쳐주는 게 좋을 것이다. 그러면 상품의 경쟁력은 높아지겠지만 회사 내부적으론 재무상 리스크 관리가 문제로 떠오를 것이다. 반대 경우라면 내부 설득은 쉽겠지만, 시장에서 외면 받을 것이다. 따라서 가능한 표준 편차를 줄이고, 정확도를 높일 수 있는 철저한 중고품 시장 연구가 가장 중요하다.

지금까지 소개한 분석 방법은 다루는 제품의 종류가 다르더라도 얼마든지 활용할 수 있는 방식이다. 우리 모두가 자신만의 잔존가 또는 잔존가율 예측식을 만들어 낼 수 있다. 제품의 라이프 사이클 전반을 다루겠다는 계획을 세웠다면, 새 제품 못지않게 중고 제품의 역할이 크다는 것을 인식해야 한다. 그래서 중고품과 중고시장에 대해 조사하고 연구하는 일도 필요하다. 중고품 빠진 라이프 사이클 영업상품이라는 게 존재할 수 없기 때문에 자사 제품의 중고 거래를 활성화하여 가치를 높이는 일에도 신경을 써야 함은 물론이다.

4. 자본/취득단계 솔루션

TCO는 자본비용과 운용비용으로 나눌 수 있다고 했다. 생각해 보면 자본비용은 고정비이고 운용비용은 변동비와 성질이 비슷하니[12] 그냥 고정비 + 변동비 = TCO 라는 것과 다를 것이 없을 것 같다. 그런데 이번 장에서는 이 자본비용을 고정비 보다는 변동비에 가까운 쪽으로 바꾸는 방법을 다뤄 볼 것이다.

사업을 하려고 어떤 장비를 들이려는 사람이 있다고 치자. 제품이야 어떤 것을 고르더라도 어느 정도 기본은 비슷할 것이므로, 금융 조건이 좋은 쪽을 골라 빨리 장비를 들여 놓고 열심히 돌려야 비즈니스 기회를 살릴 수 있을 것이다. 금융이란 게 없는 돈을 융통하는 것이니 이자는 내야 한다. 좋은 조건이란 건 이자가 싸다는 게 가장 중요할 것이다. 우선 머리에 떠오르는 방법으로 금융권에서 신용 대출을 받는 것이고, 신용이 부족하거나 대출 이자가 비싸면 담보를 제공해서 대출을 받으면

---

12) 사업장을 운영한다고 치면 일이 있던 없던 할부 상환, 임차료가 나갈 것이다. 반면 일의 양에 따라 제품 만드는 재료비, 전기료 같은 비용은 달라질 것이다. 전자가 고정비, 후자가 변동비 이다.

된다. 고객이 알아서 제품 구입 비용을 마련하는 것이다. 그래서 판매자가 자신과 협력관계인 할부금융 업체를 소개 해 준다고 치면, 고객 입장에서 금융을 얻는 과정은 편해 질 것이다.

사업자나 기업이라면 그렇게 마련한 장비를 회계 장부인 재무상태표에 내용 연수 동안 매번 감가상각을 해 주어야 할 것이다. 여기에 더해 도중에 장비가 노후화 되거나 잦은 고장으로 제 역할을 못할 것 같으면 중고품이나 고철로 매각하거나 폐기해야 한다. 자산 처분까지 일이 덤으로 늘어나는 것이다.

'이자가 싸면 좋다.'는 당연한 이야기니 그건 빼고, 고객에게 어필 할 수 있는 게 더 있을지, 열거해 보았다.

- 회계처리 방법이 단순할 것
- 사업 경비 인정을 높게 받을 것
- 필요한 때에만 사용할 것

이에 대한 답으로서 리스, 렌털, 재매입 조건 판매 방법을 소개하려고 한다.[13]

---

13) 할부 금융은 제외한다. 그 자체도 대단히 큰 산업이고 오랜 기간 발전해 왔지만 솔루션 제공이라는 이 책의 관점과는 그다지 맞지 않고 저자가 잘 아는 분야도 아니다.

4.1 리스 Lease

개요

목돈이 없어 부족한 돈을 빌릴 때는 이미 할부금융이나 외상거래가 있는데 리스 상품은 왜 등장했을까? 리스는 회계나 세무 측면에서 리스 이용자에게 혜택이 있기 때문에 할부구입보다 굳이 복잡한 계약 조건을 감수하는 것이다. 납부기간이 같은 리스와 할부 상품을 비교하자. 할부금융은 제품 가격 원금과 이자 전체를 할부 기간 동안 분할한다. 그런데 리스 상품은 계약기간이 끝나면 미리 낸 보증금을 돌려받으면서 이제는 중고품이 된 제품을 반납하는 게 보통이다. 그래서 제품의 중고품 가치(잔존가) 만큼은 매월 내는 리스료에 산정되지 않는다. 그러니 매월 납부할 금액은 리스가 좀 더 저렴해 보일 수밖에 없다.

대한민국 여신전문금융업법은 리스를 '시설대여업'이란 용어를 통해 아래와 같이 정의하고 있다.

> '특정 물건을 새로 취득하거나 대여받아 거래 상대방에게 일정기간 이상 사용하게 하고, 그 기간 동안 일정 대가를 정기적으로 나눠 받으며, 그 기간이 끝난 물건을 처분하는 방법은 약정으로 정하는 방식의 금융'[14]

---

[14] 여신전문금융업법 2조 10항. 여기서의 시설대여업이란 용어는 단기 렌털업자를 말하는 것이 아니다.

여기서 주체는 리스사업자 lessor 이고 거래 상대방은 리스고객 lessee 이다. 우리나라는 여신전문금융업법과 상법의 근거하에 리스사업자와 리스 상품이 존재한다. 미국의 경우 소비자신용보호법이 기준이 된다. 유럽은 나라마다 별도의 법이 없이 상법으로 다루거나 촉진법이 있는 경우가 혼재한다.

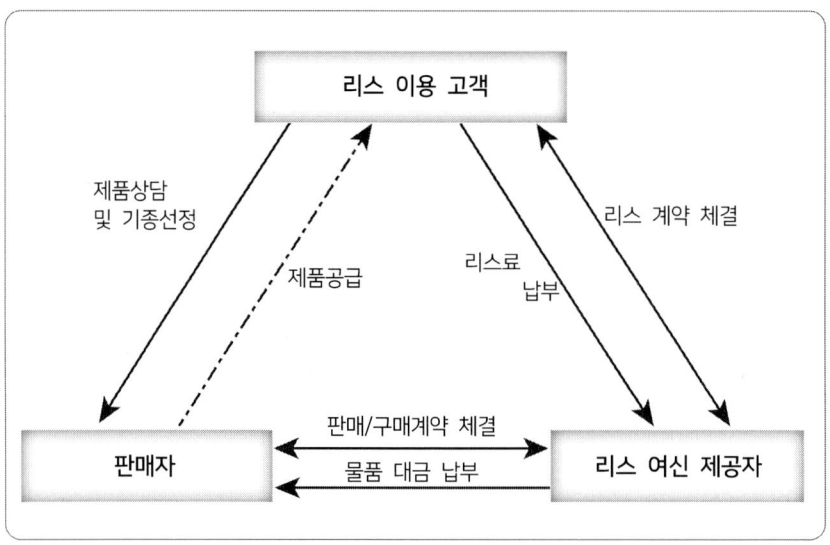

리스 계약은 기본 형태가 임대차 계약이다. 고객 입장에선 임차계약이 끝난 리스 자산을 임대인에게 반납하는 것으로 이해하면 되나 세부적인 구분으로 들어가면 형식상 해당 리스 자산이 누구의 재무상태표에 들어갈지는 달라지게 된다.

리스 상품은 크게 두 가지로 구분된다. 법 규정과 회계 기준에 근거하여 금융리스 finance lease 와 운용리스 operating lease 로 나눠진다.[15] 이 둘을 구분하는 기준은 리스 자산을 이용하면서 발생하는 이익과 위험이 리스 고객에게 있다면 금융리스로 보고, 그렇지 않다면 모두 운용리스로 구분한다고 되어 있다.[16] 간단하게 리스 계약 기간 만료 후 해당 제품을 고객이 무조건 인수하면 금융리스이고, 반납할 가능성이 있으면 운용리스로 본 다고 말하기도 한다. 자동차를 예로 들면, 사실 가장 쉽게 이해하는 방법은 '누구 이름으로 차량을 등록하나?'가 될 수 있다.

일반적으로 금융리스와 운용리스간 차이를 아래와 같이 구분할 수도 있다.

	금융리스	운용리스
구조	리스 상품은 보통 리스 이용 고객이 미리 제품을 고르고 나서 리스 공급자가 개입하며 이용자가 제품을 판매자로부터 인수한다.	리스 사업자가 제품을 이용자에게 공급한다. 물론 실물이 판매자에게서 고객으로 직접 갈수는 있지만 형식적으론 리스 사업자에게서 온 것이다.
거래 주체	리스 상품은 대게 고객, 여신 제공자, 판매자의 세가지 주체가 만들어 낸 3 당사자간 계약이다. 판매자는 리스 제공자에게 제품과 서비스를 공급하는 역할이 있다.	리스사업자와 고객간의 거래다.
중도 해지 취소	원칙적으로는 불가능하다. 리스 제공자는 고객과 맺은 리스계약을 근거로 물품 대금을 판매자에게 일시에 지불한다.	가능하다. 중도해지에 따른 수수료가 부과될 수는 있다.
법규	상법 및 여신금융업법	상법 및 민법 (임대차 규정)

---

15) 기획재정부, 금융 및 운용 리스 회계 처리 지침 – 2009.11. 또는 상법 168조에도 금융리스 규정이 나와 있다. 회계처리상 금융리스를 구분하는 기준은 한국회계기준원의 K-IFRS제1017호의 10항에 나와 있다.
16) K-IFRS제1017호의 12항

	금융리스	운용리스
무상 보증 또는 하자 수리	리스 사업자는 제품하자에 대한 책임이 없다.	리스 사업자는 임대인이므로 하자를 해결하거나 하자가 없는 물건을 임대해야 한다. 그러나 실제 계약상 리스 사업자의 하자담보책임 배제 조항이 있는 경우가 많음.
회계 처리상 고려 사항	고객 재무상태에 자산/부채로 등재, 리스료는 비용처리하고 자산은 감가상각 처리한다.	제품이 임대업자의 자산/부채이므로 고객은 리스료(대여료)를 비용처리

그런데 왜 복잡하게 금융리스와 운용리스를 구분하게 되었을까? 리스 고객 입장에서의 회계처리 방식이 달라지고 결국 소득세(법인세)를 얼마나 내야 할지도 달라졌기 때문이다. 따라서 리스는 얼마나 싸게 사느냐?의 문제라기보다는 어떤 절세 효과를 누리냐? 가 주된 동기라고 할 수 있다. 리스 이용자가 사업자인 경우, 리스료는 해당 법인의 재무제표에서 비용으로 인정받을 수 있으므로 법인세를 줄일 수 있기 때문이다. 국가에 따라서는 각종 기금, 사회 보장 관련 비용, 기업 규모의 구분이 해당 기업의 보유 자산 규모를 기준으로 정해지는 경우도 많기 때문에, 자산 규모를 늘리고 싶지 않은 사업자 입장에서 재무상태표상 자산 금액이 줄어드는 부외 효과 off-balance sheet 를 누릴 수도 있다.

리스 상품의 설계와 판매는 리스 자산 혹은, 제품의 판매자와 리스 회사 중 누가 어떤 역할을 수행하는지에 따라 대개 아래와 같이 두 가지 모습이 나타난다.

- 리스회사가 주도적으로 리스 상품을 설계하고, 대상이 되는 자산이나 제품의 고객을 찾아 리스 상품을 영업하는 방식.
- 제조자 혹은 판매자가 금융 솔루션을 필요로 하는 고객을 위해 리스 회사와 제휴를 맺는 경우.

제품을 만드는 제조자 입장에서는 일반적인 판매와 특별히 달라질 것이 없다. 고객에게 직접 돈을 받던 것을 리스이용자에게 받는 것이 달라지는 정도다. 리스가 할부금융과 다른 가장 큰 차이점은, 리스 자산의 소유권에 대한 것이다. 할부 금융은 제품의 소유권은 고객에게 넘겨주지만, 판매자가 할부 채권확보를 위해 근저당을 설정하기 마련이다. 그러나 리스 상품의 경우에는 기본적으로 임대차 계약이므로, 해당 리스 자산의 소유권이 리스회사에 남아 있게 된다.

리스의 작동 방식

리스의 기본적인 구성은 할부와 마찬가지로 원금과 이자이다. 여기에 추가적으로 리스 계약 종료 후 반납하는 리스 자산의 중고품 가치인 잔존가 residual value 의 개념이 더해지는 것으로 보면 간단하다. 이 중에서 잔존가는 리스 상품 제공자가 설정하는 값이다. 리스 자산의 중고 거래 가격 이력 등을 검토해서 계약기간 만료 후의 예측 잔존가율을 설정하게 되고, 이를 리스료 계산에 차감해서 반영한다.

다만, 리스에서는 잔존가에 대한 이자는 리스 이용자가 내야 한다. 리스 회사 입장에서는 리스 자산을 제조사에게서 구입할 때, 이미 잔존가 부분을 포함한 제품가 전체를 완납했기 때문이다.

예를 들어, 매 회당 리스료(이하 P 라고 한다)가 어떤 공식으로 산출되는지 살펴보자.[17]

- 리스원금 100,000,000원, 반환보증금 10,000,000원
- 만기 후 잔존가 10,000,000원으로 설정
- 적용이율 연 12%, 리스기간 및 분납회수 : 36개월간 36회 분납

$$P = \frac{LA \cdot r \cdot (1+r)^N - RV \cdot r}{(1+r)^N - 1}$$

여기서 LA는 리스원금, RV는 잔존가이자 반환보증금이다. 즉, 리스 계약이 끝나면 반환보증금 10,000,000원을 돌려받던지, 아니면 잔존가와 반한 보증금을 맞바꿔서 사용하던 제품을 가질 수 있다. 적용이율은 %단위를 소수점 단위로 바꾸고 연간 분납 횟수로 나눈 값을 대입한다.

$$P = \frac{100{,}000{,}000 \cdot \frac{12}{12}/100 \cdot \left(1 + \frac{\frac{12}{12}}{100}\right)^{36} - 10{,}000{,}000 \cdot \frac{12}{12}/100}{\left(1 + \frac{\frac{12}{12}}{100}\right)^{36} - 1}$$

$$= 3{,}089{,}288원 / 매 월$$

---

17) 이를 엑셀 함수로 쉽게 계산하려면 다음과 같이 입력한다.
= -PMT(12/12/100, 36, 100,000,000 , -10,000,000 ,0) = 3,089,288
여기서 반환보증금은 이자를 내야 할 원금을 줄이는 데 들어간 선납금이 아니라, 장비를 반납하겠다는 약속 이행을 위해 낸 반환 보증금이다. 그래서 원금이 9천만원이 아니라 1억원으로 계산되었다.

이와 같이 연이율 APR - annual percentage rate, 잔존가치, 계약 기간, 분납 회수 등을 가지고 매회당 리스료를 계산할 수 있다. 그런데 아무래도 연이율 외에도 변수가 여러 가지 들어가다 보니 복잡해 보인다. 그래서 리스료와 원금과의 관계 계산을 빨리 하려고 별도의 Payment Factor 라는 지표가 사용되기도 한다.[18]

> 매회당 리스료(P) = 리스원금(LA) × Payment Factor

위에 든 예로 Payment Factor와 Money Factor를 구해 보면 아래와 같다.

$$Payment\ Factor = \frac{3,089,288}{100,000,000} = 0.030893$$

리스 상품을 상담 한다고 가정하자. 리스 상환 횟수, 매월 리스료, Payment factor를 알려주면 위 와 같은 수식으로 리스 원금 계산이 가능하다. 리스 계약이 만료되면 이 고객은 미리 낸 반환 보증금과 상계하여 해당 장비를 인수하거나 또는 반환보증금을 돌려받고 장비는 리스 회사에 돌려 줄 수 있다. 그런데 돌려주기로 한 경우, 리스 회사가 반환될

---

[18] 미국 승용차 리스 업계에서 Money Factor라는 지표를 사용하는데, 여기서 예를 든 Payment Factor와는 의미가 조금 다르다. Money Factor는 리스 기간 내 낼 이자의 총액을 쉽게 계산하기 위해 사용된다. 연이율% (APR) = Money Factor×2×12×100으로 계산하는데, 여기서× 2는 이자를 내야 할 원금이 매달 원금 전액부터 0으로 까지 조금씩 줄어드는 과정을 고려해 전액과 0의 평균을 내는 것을 반영하는 것이다. ×12×100는 각각 12개월, %가 백분율인 것을 나타낸다.

장비 상태를 점검해 보니, 파손이나 손망실이 드러날 경우도 있을 것이다. 그렇다면 리스 회사 입장으로서는 리스료 계산시 목표로 했던 잔존가 10,000,000원을 온전히 확보하기 어렵게 된다. 이런 경우, 그 만큼의 손해액을 임차인인 리스이용자에게 돌려줘야 할 선납보증금에서 차감하는 방식으로 회수할 수 있다. 물론 리스 회사로서는 사전에 고객과 반환 조건이나 상태를 합의하여 수리를 마친 상태로 반납을 해도 되게 끔 할 것이다.

리스 - 프로그램의 설계

어떤 의료 기기 제조사가 협력관계인 금융회사와 손잡고 리스 상품을 만든다고 가정해 보자. 대부분 리스 상품이 어떤 정형화된 틀을 갖추고 있기는 하지만, 공략하려는 업종의 고객별 니즈를 파악하고 그에 맞추어 판촉적인 요소를 가미하면 더 차별화 된 상품이 만들어질 수 있다.

리스 회사가 제조자의 가격표 list price 또는 manufacturer's suggested retail price / MSRP라고도 한다 와 실제 영업 현장에서 시행하게 되는 할인을 반영하여 판매되는 가격 Street Price / Retail price, 중고품 잔존가를 검토하여 아래와 같이 기본틀을 잡았다고 해 보자.

> 리스 원금 140,000,000원, 반환보증금 설정액은 잔존가와 동일하게 설정.
> 만기 후 잔존가 설정액 25,200,000원(원금의 18%)
> 적용이율 연 10%, 리스기간 및 분납 회수 : 48개월 간 매월 분납

리스회사가 산출한 월 리스료는 아래와 같다.

$$P = \frac{\left\{140{,}000{,}000 \cdot \dfrac{10}{12}/100 \cdot \left(1+\dfrac{\frac{10}{12}}{100}\right)^{48} - 25{,}200{,}000 \cdot \dfrac{10}{12}\right\}}{\left(1+\dfrac{\frac{10}{12}}{100}\right)^{48} - 1}$$

$$= 3{,}121{,}600원/월$$

그런데 이런 상황이 생길 수 있다. 우선, 제조업체 입장에선 3백만원이 넘는 월 리스료가 탐탁지 않다. 리스료가 3백만원은 넘지 말아야 병원 고객층에 매력적으로 보일 수 있다고 생각한다. 그리고 리스사에서 잔존가를 18%만 인정해 준 것은 너무 보수적이라고 생각한다. 물론 의료기기라는 게 기술발전에 따라 중고품 가치가 금방 낮아져서 리스사가 잔존가를 보수적으로 산정하는 게 당연하겠지만, 잔존가만 더 높아도 월 리스료는 2백만원대로 만들 수 있었을 것이다. 그래서 제조업체가 리스사와 다시 검토해 보기로 했다. 월 리스료를 299만원대로 만드는 방법을 살펴봤는데, 리스 원금, 이율, 상환기간을 건들지 않으려니, 남는 방법은 잔존가를 높게 쳐 주어서 리스 원리금을 낮추어 주는 것이다. 그래서 월 리스료 299만원을 만드는 잔존가를 역산해 본다. 이 경우에는 잔존가율이 23.52%가 나오면 월 리스료가 2,990,000원으로 산출되었다.

$$P = \frac{\left\{140{,}000{,}000 \cdot \dfrac{10}{12}/100 \cdot \left(1+\dfrac{\frac{10}{12}}{100}\right)^{48} - 32{,}929{,}323 \cdot \dfrac{10}{12}\right\}}{\left(1+\dfrac{\frac{10}{12}}{100}\right)^{48} - 1}$$

$$= 2{,}990{,}000원/월$$

제조업체 입장에서는 4년 사용한 장비의 잔존가율 23.52% 확보는 가능하다고 생각하지만, 채권 리스크 관리가 생명인 리스사 관점에서는 받아 들일 수 없다. 결국 리스사가 산정한 잔존가율 18%와 제조업체가 판단하는 잔존가율 23.52%의 차이만큼은 제조업체가 리스크를 지기로 합의하고 경쟁력 있는 리스료를 책정하기로 할 수 있다. 제조업체가 리스크를 진다는 것은 4년 사용한 장비가 반납 되었을 때 중고품 처분액이 잔존가율 23.52%인 32,939천원에 미달할 때, 이 금액만큼을 제조업체가 리스 회사에 보전해 주어야 하는 것이다.

이제 잔존가에 관련된 리스크가 판매자인 제조업체에 넘어 왔다. 제조업체 입장에서는 제품 1대마다 리스사에 약속한 추가 잔존가 773만원 (32,929천원 - 25,200천원) 만큼은 4년 후 미래에 정말 벌어질 지도 모르는 손실에 대비해 판매보증 충당금을 쌓아 두어야 하는 번거로움이 생겨날 것이다.

그렇다면 이 제조업체는 이렇게 리스크를 안고 끝나는 것일까? 어쩌면 해당 회사 내부의 재무부서 같이 리스크 관리가 중시되는 조직으로부터 신속한 동의를 얻지 못할 수도 있는 복잡하고 번거로운 상품을 만들려고 하는 동기는 아래와 같을 것이다.

브랜드 및 상품 인지도 향상 가능

한마디로 리스크보다는 마케팅 효과와 판매 증진 효과가 더 클 것으로 기대하기 때문에 하는 것이다. 이 제조업체는 리스 상품이 성공하면 자사 제품과 브랜드에 대한 인지율 향상에도 기여할 것이라고 생각할 수 있다. 즉, 월 299만원짜리 리스 광고를 본 고객들이 자사의 제품에 관심을 갖게 되어 구입 문의를 해 오거나, 다른 제품에도 관심을 갖고 둘러볼 수 있게 되는 기회도 살릴 수 있다고 판단할 수 있다.

판매 증진에 따른 물량 증대 효과로 제조원가 절감 가능

판매 물량이 늘어나면 외주를 통해 구입하는 부품의 매입 단가도 협상을 통해 낮출 수 있을 뿐만 아니라 공정의 가동률이 올라가고, 공장의 고정비나 판매 관리비에 대한 배분액도 낮아지게 된다. 당연히 제조원가가 줄어드는 만큼 리스 원금에 들어있는 판매가에서 나오는 이익이 더 커지기 마련이다.

고객 기반 확대에 따른 리스 만기 고객에 대한 후속 영업 가능

고객이 늘어나는 만큼 시장에 대한 정보가 많아진다. 리스 계약을 맺은 고객에게 유지 보수 계약을 추가로 맺도록 권해 매출 증대 기회를 찾을 수 있다. 유지 보수 계약을 맺지 않더라도 제품이 고장 나면 부품과 공임에 대한 수요가 생겨난다. 그리고 리스 만기가 돌아오기 전에 고객에게 연락을 돌려 최신 제품으로 리스 계약을 새로 맺도록 권할 수도 있다. 즉 신규 고객과 기존 고객 기반이 커지는 셈이다.

그럼에도 불구하고 잔존가 부분에 대한 리스크가 우려 된다면, 처음부터 확실하게 리스크에 상응하는 조치를 마련하는 방법도 있다. 아래와 같은 특약을 리스 계약에 포함시키는 방안을 고려할 수 있다.

- 중고 가격 하락 방지 장치를 둠. 예를 들어, 장비 가동 시간을 연 1,500 시간으로 한정하고 그 시간을 넘게 사용하면 추가 비용을 내게 함.[19]
- 무상 보증 수리 기간이 끝났더라도 리스 계약 기간 중에는 해당 제조 업체가 지정한 순정 부품만 사용토록 함.
- 자사나 협력사의 다른 상품 구매와 연계토록 함. 예를 들어 보험을 함께 판매하던지 선택사양인 옵션 장비를 함께 판매하는 방식을 적용함.

마지막으로 리스 계약 만기 후 리스 자산을 반납하려는 고객과의 향후 분쟁을 피하도록 사전에 반납 조건을 명확히 하는 것이 중요하다. 그래야 고객도 리스 자산을 이용함에 있어 선의를 갖고 주의를 기울이는데 도움

---

[19] 마일리지 (또는 사용량) 제한은 자동차나 중장비 같은 상품의 리스 계약에서도 흔히 등장하는 잔존가 보호 안전장치이다.

이 될 수 있다.[20]

지금까지 설명한 것은 리스 상품 설계를 전문으로 하는 금융 회사(여신전문금융회사 포함) 아니라, 이런 상품을 함께 마련할 필요가 있는 판매자의 입장에서 꼭 알아야 할 것에 초점을 두었다. 리스 상품을 제공하는 입장에서는 고려할 것들이 아직도 많이 남아 있을 것이다. 예를 들어, 리스 이자 속에는 해당 제품을 리스사에 연결해 준 영업사원에게 대행료, 소개료 등의 명목으로 적지 않은 소개료를 지급하는 게 관행이다. 또한 리스업체는 자신이 융통하는 돈을 은행 같은 제1 금융권에서 빌려서 마련하기 때문에 얼마나 경쟁력 있게 낮은 금리로 자금을 조달할 수 있는지도 관건이다.

계약상 고려 항목

대한민국에서 리스 상품을 취급한다는 것은 당사자가 여신전문금융업법의 적용을 받는 여신전문금융회사(흔히 여전사라고 줄여 말하기도 한다) 이거나 혹은 판매자 혹은 제조자로서 이들을 통해 리스 상품을 제공

---

20) 제품의 유형에 따라 달라지겠지만 아래 같은 항목들을 반환 조건의 예시로 들 수 있다.
- 해체 작업 비용 부담 주체
- 리스 의료 기기의 해체 및 운송 비용 부담 주체 및 방법 명시.
- 전반적인 상태
- 정상적인 마모와 생활 흠집(normal wear & tear)을 제외하고는 기능상 고장 없을 것.
- 외관상 수리를 요하는 파손이 없을 것.
- 청소로 해결되지 않는 부식이나 오염 혹은 변색이 없을 것.
- 본체와 주변품 전체 구성품상 누락 없을 것.

받는다는 것을 뜻한다. 우리나라의 경우 리스 상품의 설계는 리스사가 가입한 여신금융협회가 만든 표준약관을 따르게 되어 있고, 이는 다시 금융위원회(금융감독원)를 거쳐 공정거래위원회의 약관법에 의한 심사나 시정 요청 같은 감독을 받는다. 관련하여 리스 계약의 주요 내용은 여신금융협회 자동차 리스 표준약관[21]을 기준으로 소개한다.

- **기본료** : 리스보증금이란 명목으로 미리 보증금을 받아 소정의 담보를 확보한다. 계약기간 만료 후 리스 자산을 돌려받거나 고객과 리스 자산을 대가로 하여 상계처리 하는데 들어가는 비용이다.
- **선납금** : 선납금은 고객이 리스 원금 일부를 미리 내서 잔금의 이자를 계산할 때 제외되는 금액을 말한다. 원금이 줄어드는 만큼 이자도 줄어들어 리스료가 낮아지는 효과가 있다.
- **제세금 등 비용 부담의 주체** : 취득세 등 세금은 리스사가 부담하고, 고객 명의 등록시 등록면허세는 해당 고객이 부담하도록 되어 있다. 근저당권 설정 비용은 해당 금융회사 부담이다.
- **훼손, 도난 등 자산 가치 하락 및 상실** : 고객이 자신의 비용으로 리스 자산의 가치를 유지시킬 책임을 지도록 하는 것이다. 고객이 드는 자동차 보험에서 자기차량 손해에 대한 보험금 청구권은 리스회사가 갖도록 하는 것도 같은 맥락이다.

---

21) 2016년 10월 이후 여신금융협회에 의해 개정되었다.

- **반납 리스 자산의 가치 평가** : 계약에 따라 타던 차를 리스 회사에 반환하는 경우, 해당 리스 자산의 가치를 평가하여 일정 기준에 이르지 못하면 고객에게 추가로 비용을 부담시키는 것이다. 아울러 초과운행 부담금이란 것이 있다. 계약 만기 후 반납될 리스 자산의 가치를 유지하기 위한 항목이다.

4.2 렌털 Rental

개요

렌털은 대표적인 임대차 계약이다. 임대인이 물건을 빌려주고 임차인이 돈을 내고 빌려 쓴다. 그래서 리스와 기본적인 개념 자체는 크게 다를 게 없다. 고객인 임차인 관점에서는 목돈을 들여 사거나 되 팔 필요가 없고, 필요한 때 쓰다가 필요 없으면 반납할 수 있다는 게 렌털이다. 렌털은 유연성을 원하는 고객이 많은 업종이라면 꼭 고려해 봐야 할 라이프 사이클 솔루션이다. 그리고 우리나라에서 렌털사업은 상법의 적용을 받기 때문에 리스사업보다는 제약이 덜하고 상품을 만들기도 상대적으로 쉽다.

'꼭 소유하지 않아도 된다.' 쪽으로 의식이 점차 변화하고 있고 소비자들의 주머니 사정도 빡빡해지면서 렌털은 자동차, 가전제품 등 이미 우리 주변에

아주 밀접하게 뿌리 내려 있다. 우린 '공유경제', '구독경제' 같은 말이 이미 일상 속으로 들어온 세상 속에 살고 있다. 시장 규모를 파악할 때 렌털 분야를 빼면 집계가 불가능할 정도로 렌털이 활성화된 업계도 있다.

렌털은 전형적인 정액제 상품 fixed cost solution 이다. 렌털료 속에 상품과 서비스를 공급하는 비용과 마진이 녹아 들어 있다. 그래서 총비용 측면에선 고객이 직접 사서 버릴 때까지 모든 것을 알아서 할 때 보다는 당연히 비쌀 수 있다. 하지만 비용이 좀 더 들더라도 번거로운 과정은 남에게 맡기고 필요한 때에만 상품을 이용할 수 있는 것이 렌털의 가치이다. 그리고 굳이 공유경제 같은 단어를 언급하지 않더라도 합리적 소비를 추구하는 트렌드를 점쳐 보는 것은 어렵지 않다. 고객 저변도 넓은 편이다. 아래 중에서 한 두 가지 이상만 해당하는 고객이라도 렌털의 수요층이 될 수 있다.

> 몫 돈이 들어가는 고가품이다.
> 부품 교체나 청소 같은 번거로운 관리가 필요하다.
> 구매 후 보유 기간 중에 실제 사용하는 기간이 비교적 짧다.
> 신제품을 쓰려는 욕구가 강하거나 유행을 타는 제품이다.

렌털 비즈니스는 세 가지 부류로 나눌 수 있다.

첫 번째는 가끔씩만 필요로 하기 때문에 목돈을 들여 살 필요로 느끼지 못하는 고객층이다. 대형 크레인 같은 중장비는 물론이고, 웨딩드레스 대여, 취업 면접용 양복 대여 같은 것을 예로 들 수 있다.

두 번째는 사업상 경비 인정 같은 세제상 혜택과 관리의 편의성이 주는 혜택 때문에 기꺼이 추가적인 지출을 치르려고 하는 고객층이다. 기업에서 장기렌터카를 사용하는 경우가 해당된다.

마지막으로 이 둘이 복합적으로 작용하여 정수기 렌털 사업[22]과 같이 할부 효과와 관리의 편의성을 동시에 추고하고자 렌털 채널을 개척한 경우가 있다. 시장 장악력이 높은 업체는 수익성 제고를 위해 일부러 판매라는 기존 방식을 없애고, 렌털 방식을 도입하기도 한다. 흔히 사진 편집에 쓰는 어도비 포토샵 Adobe Photoshop 의 경우 특정 기간 동안 일정 금액을 내는 기간제 구독형으로 전환했다. 마이크로소프트의 MS 오피스도 기간제 방식인 365 구독 요금제라는 것을 내놓고 있다. 매월 1만원 안팎으로 책정된 가격을 보니 학생의 경우에는 단기로 쓸 때 구매 방식보다 저렴할 수 있겠지만, 대부분 업무용으로 사용하는 기업이나 전문가들은 장기 사용시 더 비싼 금액을 내게 된다.[23] 아마도 이러한 기간제 상품이 더욱 발전하고 경쟁이 심화되면 기간제를 넘어 실사용 시간만큼만 돈을 내는 구독형 상품도 출시되지 말라는 법이 없다. 다만 MS 오피스 같은 상품은 뚜렷한 경쟁자가 없다고 여기면 이러한 상품을 내어 비즈니스의 흐름을 복잡하게 하고, 자신의 매출을 축소시킬 수 있는 모험

---

22) 6장에서 코웨이의 사례를 들었다.
23) "2008년 12월 포토샵(Photoshop)과 일러스트레이터(Illustrator) 등으로 시각 예술 소프트웨어 시장점유율 90% 이상을 유지하던 소프트웨어업체 어도비가 돌연 판매 방식을 바꾸겠다고 선언했다. CD나 박스 제품으로 팔던 포토샵을 매달 사용료를 내고 온라인 구독하는 형태로 서비스한다는 것이었다." – 상세 내용은 2015.5.2 조선Biz를 참조하면 확인할 수 있다.

을 하려고 하지는 않을 수도 있다.

렌털 사업을 통해 판매자가 얻을 수 있는 효과는 아래와 같다.

- **고객 유인 효과** : 가격 부담 때문에 포기했던 수요층의 욕구가 충족된다. 고가품인 경우에 해당된다.
- **신제품 판매 증대** : 고객에게 체험의 기회를 제공하므로 친숙감을 느끼게 한다. 특히 고객층에 생소한 제품이거나 신생 브랜드의 경우에 해당된다.
- **자사 비즈니스의 전반적 역량 향상** : 렌털 비즈니스 모델의 특성상, 신품을 임차인에게 제공했더라도, 얼마 후 중고품이 되어 돌아오는 렌털 자산에 대한 재임대, 매각, 폐기 업무 등을 수행 할 수 있는 역량을 갖추게 되므로, 신제품과 중고품의 도입과 처분이 연계되는 시너지와 관리능력을 육성하기에 좋다.
- **고객과의 관계 형성** : 렌털 계약 기간 중 제품 점검, 정비 과정에서 고객과 접촉할 기회가 생겨, 시장 조사를 위한 고객 접근이 쉽고, 이렇게 수집한 고객 정보를 활용하여 향후 거래 기회에서 유리한 위치를 점할 수 있다.

본 장의 내용은 제품이 고가인 내구제(예: 차량, 기계)의 렌털 사업에 방향을 두고 설명하겠지만, 개념을 이해하면 다른 품목에도 적용할 수 있을 것이다.

렌탈의 비즈니스 구조

렌탈 사업은 렌탈 자산을 구입할 때 내 돈을 일시에 투자하고 나서 렌탈료 수입을 통해 일정 기간을 두고 천천히 회수하는 구조이다. 따라서 초기 자본 마련에 대한 부담이 있고, 현금흐름의 압박도 받는다. 따라서 렌탈 사업의 성패는 렌탈료 수입으로 얼마나 빨리 렌탈 자산에 대한 투자를 회수할지에 따라 좌우된다고 할 수 있다. 당연히 고객이 찾을 만한 렌탈 자산을 준비해 놓아야 하고, 여기에 더해 렌탈료 단가가 높고, 고객 손에 넘어가 있는 기간이 길어야 좋다. 따라서 렌탈 상품을 설계할 때는 렌탈 자산 구입 가격 대비 렌탈료 수입 관점에서 시작하면 된다.

매출액이 되는 렌탈료 수입은 다음과 같은 요소들간의 조합으로 이루어져 있다.

$$\text{매출액} = \text{렌탈료} \times \text{가동률} \times \text{경영수완}$$

여기서 렌탈료 rental rate 는 사용량이나 시간을 단위로 하는 단가를 가리키고, 가동률 utilization 은 렌탈 자산 보유 기간 중 고객에게 임대되어 매출을 일으키고 있는 기간의 비율이다. 마지막으로 경영수완이라고 뭉뚱그려 표현 한 것은, 보유한 렌탈 자산의 포트폴리오를 가장 효과적으로 운영하는 여러 가지 스킬을 뜻한다. 예를 들어 수요가 높은 자산을 빨리 추가하고, 그 반대의 것은 처분하거나, 렌탈 상품에 각종 부가 혜택을 덧붙여 팔거나, 이벤트나 프로모션을 여는 것을 말한다.

가동률Utilization의 개념[24]

가동률은 렌털 상품 관련된 핵심 경영 지표다. 가동률은 보유한 렌털 자산 중에서 고객에게 렌트되어 돈을 벌어 주는 자산의 비율을 뜻한다. 즉, 고객 손으로 넘어가 매출을 일으켜 주는 기간이나 금액 비율을 뜻한다. 시간을 기준으로 하면 시간가동률 time utilization이라 한다.

> *시간가동률* time utilization *의 예*
> 30일까지 있는 어떤 달에 15일간 렌털이 이루어졌다면 해당 월의 시간가동률은 15일 / 30일 = 50%이다.

시간 가동률은 이해하기에 쉽고 시장 수요의 강약을 나타내는 지표로도 사용할 수가 있다. 예를 들어 국내 렌터카 회사들을 보면 법인 장기 렌털 사업이 강한 회사는 80%에 달하는 시간 가동률을 보이고 있고, 영세하고 일반 단기 렌털 고객을 상대하는 회사는 50%에 미치지 못하는 경우도 있다. 그러나 시간 가동률이 얼마나 되어야 좋은지 여부는 렌털 자산의 특성과 대상 고객의 유형에 따라 다를 수 있다. 예를 들어 스포츠카나 특수 크레인 같이 일상적인 수요가 높지 않은 렌털 자산이라면, 시간 가동률이 다른 품목에 비해 낮다고 해서 꼭 문제라고 볼 수는 없기 때문이다. 시간 가동률이 낮아도 수요가 높은 품목과 패키지로 묶인 거래가 있을 수 있는 것처럼 구색을 갖추기 위해 필요한 경우도 있기 마련이다.

---

24) 본 장에서 설명하는 내용은 저자가 현업 과정에서 습득한 것과 더불어 렌털 사업을 영위하는 각사의 IR 자료 등을 참고로 했다.

이럴 때는 시간 대신 금액을 기준으로 하는 가동률 개념을 적용할 수 있으며, 이를 재무가동률 financial utilization 이라고도 한다. 재무가동률은 렌털 자산을 취득한 원가 대비 렌털로 벌어들이는 매출액 비율로 표시한다. 이 지표는 렌털 자산의 수익성을 측정할 때 유리하다.

> *재무가동률* financial utilization *의 예*
> 렌털 자산을 취득하는 원가가 3천만원이고, 한 달 렌털 매출이 150만원이라면 해당 월의 재무가동률은 150만원 / 3,000만원 = 5%이다.

이때 재무가동률을 측정하는 시간 단위를 한 달로 할지, 일 년으로 할지는 해당 렌털업의 상황에 가장 맞는 것을 취하면 된다. 단지 기준을 자주 변경하지 말고, 하나로 통일해야 일관된 관리가 가능하다는 것만 알고 있으면 된다. 시간가동률과 재무가동률은 각각 이해하기가 쉽고, 실제 수익성을 보여준다는 각각의 장점이 있기 때문에 렌털 경영상 어떤 판단을 할 때, 상호 보완적인 역할을 한다. 예를 들어, 시간가동률이 낮고(즉 수요가 적고) 재무가동률이 높은(렌털료는 고가인) 상품이라면 특수 용도 상품으로 보고, 렌털료를 상대적으로 고가로 책정하여 매출 부진을 만회하는 방향으로 설정할 수 있다.

특수 상품이 아닌데도 시간가동률이 부진 하다면 저수익 렌털 자산일 수도 있다. 예를 들어 계절 상품이라(예: 동절기용 제설기) 찾는 사람이 없다면 처분하는 것도 고려해 봐야 한다. 반대로 시간점유율은 높게 나오지만 재무가동률이 낮을 수도 있다. 그렇다면 렌털가격이 낮게 책정된 것은 아닌지, 혹은 습관적으로 무상으로 제공했던 부가 혜택을 유료화 할지를 검토하는 계기로 삼을 수 있다. 또는 가장 나쁜 경우지만 시간가동률과 재무가동률 모두가 낮을 수도 있다. 이러한 상황에서는 렌털료 재검토는 물론이고, 보유한 렌털 자산이 시장의 렌털 수요를 제대로 충족시키고 있는지를 점검 해 봐야 한다. 시장 수요와 맞지 않는 군더더기 자산은 팔고 현금화 시키는 게 더 낫다. 시간가동률과 재무가동률 모두가 높은 상황이라면 금상첨화다. 다만 오히려 이런 때가 경기 상승기의 끝물일 수도 있다. 고가의 렌털 자산 추가는 신중하게 판단하는 게 좋다.

이러한 두 지표의 관계를 정리하면 아래의 도표로 표현할 수 있다.

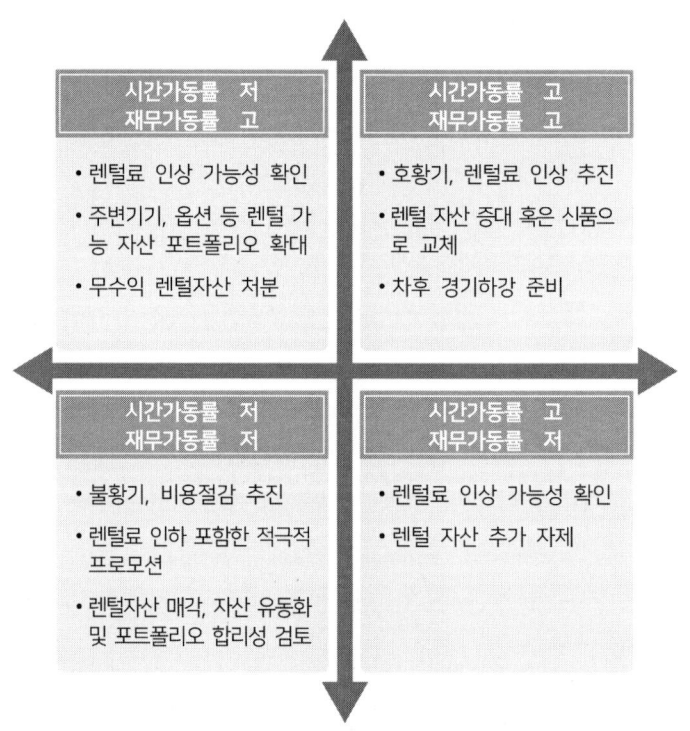

렌털료의 산정

렌털료는 어떻게 책정해야 할까? 절대적으로 옳은 유일한 기준 같은 건 없다고 봐도 되지만, 기본적인 것은 시세를 기준으로 하는 가격 책정이다. 경쟁사 렌털료를 벤치마킹하는 것이 가장 쉽고도 확실하다. 대체제의 가격을 참고할 수도 있다. 예를 들어 정수기 렌털 사업이라면, 집에 생수를 배달해서 먹는 것이 대체재 일 것이다. 특별히 얼음이 나오지 않는 정수기라면 생수 배달보다 비싼 렌털 요금을 책정할 수 있을까? 쉽지 않을 것이다. 건축 현장에서 쓰이는 발전기 렌트 사업을 한다고 가정하자. 갑자기 불황이 닥쳐서 렌털 수요가 줄어들었다면 발전기를 가만히 세워두는 것보다는 렌털료를 낮추어서 얼마라도 투자를 회수하는 게 나은 것이다.[25]

그렇다고 해도 일시적인 할인이라면 몰라도 장기적인 과잉 경쟁으로 손해를 볼 순 없을 것이다. 이때 적용할 만한 기준은 원가기준 Cost plus markup 이다. 렌털료는 아래와 같이 구할 수 있다.

$$\text{렌털료(RR)} = \frac{(\text{렌털상품의 TCO}+\text{경비배분})}{\text{렌털상품상각연수}\times\text{가동률추정치}} \times (1+\text{연간자본이율})^{\text{렌털상품상각연수}}$$

[25] 이러한 예가 렌터카 회사에서 실시간으로 관리하고 있는 예약률이다. 특정 시점에 수요가 낮으면 가격을 낮추는 프로모션을 실시할 만한 IT 기반이 있기 때문에 가능한 것이다. 때로는 하루동안 차를 빌리는데 10달러 미만일 수도 있는 이 같은 초저가 상품은 주행거리 제한 같은 조건이 딸려오고, 렌트 차량을 인수하는 영업점 방문시 보험 같은 부가상품을 더 사도록 끈질기게 권유 받기 마련이다. 마진을 보완하기 위해서다.

수식이 복잡해 보이지만 사실 간단하다. 분자는 해당 렌털 자산에서 발생하는 비용이고, 분모는 비용이 발생하는 기간이다. 여기에 곱해진 것은 렌털 자산을 구입했던 자본의 기회 비용이다. 한마디로 일정한 기간 동안의 비용에 마진을 더한 것이다.

분자에 나온 렌털 자산의 TCO는 사업자 입장에서의 자본 비용과 운용 비용의 합이다. 물론 운용비용 중 연료비 같은 직접 비용은 렌털 고객이 부담하기 마련이다. 경비 배분액은 렌털 사업 운영 경비를 각 렌털 자산에 배분한 금액을 뜻한다. 각 배부액은 업의 특성에 맞도록 관리 회계 관점에서 합리적으로 설정하면 될 것이다. 예를 들어 자산별 가격에 비례하는 것과 같이 너무 복잡하지 않은 한도 내에서 현실을 반영할 수 있도록 정해주면 된다. 목표 이윤은 IRR Internal Rate of Return 의 개념으로서, 투입한 자본에 대한 목표 수익률이다.

그런데 렌털 상품의 특성에 따라, 해마다 가치가 빨리 떨어지는 물건이 있을 수도 있다. 이런 경우에는 렌털 초기에 좀 더 비싼 가격을 책정하고, 후반부에는 가격을 낮춰 주어야 할 수 있다. 가속 상각을 도입하면 아래와 같이 정률법 방식으로 수식을 바꿀 수도 있다.

$$\text{특정연도의 렌털료(RR)} = \frac{\text{당해년도감가상각액} + \text{운용비용} + \text{경비배분}}{\text{가동율추정치}} \times (1 + \text{목표이윤})$$

렌털 자산의 규모 설정에 따른 고정자산과 현금 유동성 사이의 균형

렌털 자산의 규모는 렌털 매출 확대 측면에선 크면 클수록 좋지만, 현금 유동성 관리 면에서 양날의 칼이 될 수 있다. 보수적인 경영을 하느라 경기가 호황기이거나 특정 인기 상품이 있을 때엔 렌털 자산을 늘리지 못하면 영업의 기회를 잃을 수 있다. 반대로 경기가 갑자기 식어 버리기라도 하면 임대 목적으로 들여 놓은 재고 자산의 가동률이 떨어지면서 현금 흐름까지 위태로워질 수 있다. 즉, 할부 값 내기도 빠듯하거나 차라리 그 돈을 은행에 넣어두는 것만도 못한 상황이 될 수 있다. 따라서 경기의 흐름에 촉을 세우면서 현금 상황을 모니터링 해서 렌털 자산 규모를 늘릴지 줄일지를 점검해야 한다. 더불어 작게는 계절적 요인, 인기를 끌만한 신제품 등장, 기존 렌털 자산의 노후화 같은 수요 변화 요인을 미리 읽어 낼 수 있도록 관심을 기울여야 한다.

미보유 자산으로 인한 기회 손실

시간 가동률, 재무 가동률 말고도 중요한 정보가 하나 더 있다. 고객이 찾는데 우리에게 없어서 발길을 돌려야 하는 물품이 무엇인지에 대해 자료를 축적하는 것이다. 고객이 그 물건을 필요로 하게 된 배경을 적극적으로 물어서 파악해야 한다. 왜 그러한 제품을 찾는지, 용도는 무엇인지, 렌트 예상 기간은 얼마나 되는 지와 같은 정보를 적극적으로 묻고,

일지 같은 정형화된 양식지로 기록을 남겨 놓도록 한다. 그래야 가동률 수치에만 의존할 때 실수할 수 있는 여지를 줄일 수 있다.

신규 자산 투자와 중고품 처리

렌털용으로 투자한 자산은 예외 없이 노후화 된다. 그래서 렌털사업은 중고품 처리에 대한 거래망이나 노하우를 수립해 놓은 기반 위에서 펼쳐야 노후 렌털 자산을 처분하는 과정에서 손해를 줄일 수 있다. 아래는 렌털 자산을 처분하거나 교체할 때의 참고할 만한 점들이다.

- **중고품 가격 추이에 의한 판단** : 중고품 가격을 판단할 기준이나 참고 자료를 갖추어야 한다. 중고 가격이 연식이나 사용량에 따라 어떤 폭으로 하락하는지 알아야 한다. 혁신적 신제품이 기존 제품 시장을 와해시켜 중고품 가격에도 영향을 미칠 수도 있다. 중고로 팔거나 고철로 파는 폐기 시점에 대한 계획도 품목별로 세워 놓는 게 좋다. 렌털 자산의 유효 수명과 잔존가를 얼마로 보냐에 따라 렌털료 산정 결과가 달라지기 때문이다.
- **렌털 자산 자체의 특성** : 고장으로 말썽 부리는 렌털 자산은 빨리 처분하는 게 더 낫다. 고장으로 자꾸 서비스를 제공해야 하거나, 반품 되면 수리하는 동안 비가동시간 down time 때문에 시간가동률 확보에 지장을 주고 고객에게도 좋지 않은 인상을 줄 수밖에 없다.
- **시장 수요에 의한 판단** : 사회적인 이슈가 발생하면 특정 품목

수요가 크게 늘리기도 하고 줄기도 한다. 같은 품목군에 있어서도 특정 기능이나 작동 방식이 더 인기를 끌거나 잃을 수도 있다.

렌털 프로그램의 설계

기업을 상대로 새 노트북 컴퓨터를 렌털하는 가상의 예를 들어보자. 몇 가지 기본 정보는 아래와 같이 가정하자.

- **신제품 취득가**: 1백만원
- **목표수익율(IRR)**: 15%/1년으로 설정
- **유효수명**: 4년 사용 후엔 반납. 회수한 컴퓨터는 20만원의 잔존가를 가질 것으로 예상 함.
- **시간가동률**: 90%로 가정(수리 등으로 인해 임시로 다른 컴퓨터를 내 줄 때를 빼고는 항상 고객사에서 장기 렌털하는 상황 가정)
- **경비 배분**: 계약기간인 4년 동안 30만원(4년간의 간접 인건비, 경비, 컴퓨터 수리비 등을 배분)

이때의 렌털료는 아래와 같이 구해 볼 수 있다. 물론 처한 상황에 따라 다른 변수를 추가할 수도 있다.

연간 렌털료(RR)

$$= \frac{(\text{취득가} - \text{잔존가} + \text{경비배분})}{\text{유효수명} \times \text{시간가동률}} \times (1+\text{목표수익률})^{\text{유효수명}}$$

$$= \frac{(1{,}000{,}000원 - 200{,}000원 + 300{,}000원)}{4년 \times 90\%} \times (1+0.15)^4$$

$$= 305{,}710원/년$$

위의 렌털료 계산 예시는 원가기준으로 산정한 것이다. 실제 상황이라면 경쟁사에게 내놓은 비슷한 렌털 상품과 가격을 견주어 책정할 것이다. 가격을 낮추기 어렵다면 고객사가 좋아할 만한 부가 서비스(예: 고객사에 기술상담 및 수리 직원 상주)를 제공하는 방법으로 차별적인 가치를 제공하면 될 것이다.

결국 렌털료에 절대적인 영향을 미치는 요인은 취득가, 운영경비 배분액, 시간가동률이다. 특히 원가에서 가장 큰 부분을 차지하는 것이 렌털 자산의 취득가이다. 따라서 렌털 사업자 입장에선 렌털 자산을 저렴하게 구입하는 것이 매우 중요하다. 특히 고가 장비라면 구매력이 있는 렌털 사업자가 유리한 위치를 점할 수밖에 없다. 그리고 렌털 자산을 차입, 또는 할부 등 금융 지원을 받아 구입한다면 신용등급이 높아 조달 금리가 낮은 것도 렌털 사업의 경쟁력 제고 차원에서 중요하다.

운영경비를 줄이려면 경영상의 낭비를 없애고 경영 효율을 높여야 하고, 시간가동률을 높이는 방향으로 상품을 설계해야 한다. 이 같은 낭비 요소는 내부적인 관리 수준에서도 나오지만 렌털 상품 설계가 어떤 식으로 만들어져 있는지에 따라서도 다를 수 있다. 실제 렌털 상품을 설계할 때도 위와 같은 원가 요소를 섞어서 조합하고 여기에 특약사항을 더하면 다양한 상품 옵션을 만들어 낼 수 있다. 예를 들어, 대여 기간에 따른 차등화를 생각해 보자. 앞서 4년간 장기 렌털 계약을 예로 들었지만,

얼마든지 단기 렌털 수요도 있을 수 있다. 예를 들어 전국체전 같이 특정한 체육대회 기간 동안 자원봉사자들이 쓸 장비가 단기로 필요한 프로젝트도 있을 수 있다. 이러한 고객들을 위해 1일, 1주, 1개월, 3개월, 6개월 등 다양한 별도의 요금 체계를 마련해 두어야 한다. 이 같은 경우에는 위에서 소개한 공식보다는 렌털 자산의 취득가 대신에 감가 상각 비용을 대입한 공식을 사용하는 게 더 낫다.

위의 예를 살짝 바꾸어 2개월짜리 단기 렌털료를 산정해 보자. 복잡해 보이지만 천천히 따라가면 어렵지 않다.

- **신제품 취득가**: 1백만원
- **목표수익율(IRR)**: 15%/ 1년으로 설정
- **유효 수명**: 4년 사용 후엔 반납. 회수한 컴퓨터는 20만원의 잔존가를 가질 것으로 예상 함.
- **연간 시간가동률**: 50%로 가정(2개월 임대를 주고 나서 반납된 장비는 1년 중 남은 10개월 동안 절반 정도만 추가로 렌털 계약이 이루어질 수 있다고 가정함)
- **경비 배분**: 4년 동안 30만원(위 예제와 같음)

2개월 기준 렌털료

$$= \frac{1년\ 기준\ 렌털료}{6} = \frac{776{,}250원}{6} = 129{,}375원$$

이때, 1년 기준 렌탈료

$$= \frac{(당해년도감가상각액 + 직접경비 + 경비배분)}{가동률 추정치} \times (1 + 목표이윤)$$

$$= \frac{\left(330{,}000원 + 0원 + \frac{300{,}000원}{4}\right)}{50\%} \times (1 + 15\%) = 776{,}250원$$

여기서, 당해년도 감가 상각액 = 감가율 × (취득가 − 전년도 상각액)

$$= 33\% \times (1백만원) = 33만원$$

여기서, 감가율 $= 1 - \sqrt[내용연수]{\frac{잔존가}{취득가}} = 1 - \left(\frac{2십만원}{1백만원}\right)^{\frac{1}{4}} = 33\%$

렌탈 상품을 설계한다면 다음과 같은 것들을 고려해야 한다.

- **기본료** : 기본료는 초기에 들어가는 직접 비용을 회수하기 위해 설정하는 것이다. 위의 노트북 컴퓨터는 직접경비를 0원으로 보았지만, 배송료가 들고 무게와 크기가 어느 이상이거나 별도로 설치 작업이 필요한 제품에 대해 단기 렌탈을 제공하면서 렌탈비만 받는다면 전체 비용을 충당할 수 없을 것이다. 이런 경우에는 항목별로 직접 비용을 내역화하여 청구할 수도 있고, 기본료라는 항목으로 합산하여 관리할 수도 있다.

- **계약 해지 수수료** : 장기로 렌탈 계약을 맺었는데 계약이 조기

해지된다면 기대했던 매출을 올릴 수도 없고, 렌털 자산을 처분해야 하는 경우도 생길 수 있어 이때의 손실을 어느 정도 보전하기 위해 설정하는 금액이다. 또한 렌털 계약이 이루어지는 과정에서 영업 사원에게 주었을 수도 있는 인센티브나 소개인에게 제공한 수수료를 보전해 주는 효과도 있다.

- **보증금** : 상가 건물 임대차 계약에서의 보증금과 비슷한 개념이다. 신용을 정확히 알 수 없는 고객에게 렌털료 체불에 대비해 일부를 미리 받아 두는 게 사업자 입장에서 안전할 수도 있다. 계약에 명시했다고 해도, 심지어 소송에서 이겨도 정작 실제론 회수가 안 될 수도 있기 때문이다. 그래서 보증금은 채권의 일부를 미리 확보하는 목적으로 설정하는 것으로도 볼 수 있다.

- **반납 조건** : 렌털 자산의 반납이 이루어지는 시점에서 외관, 기능에 대해 임대 당시와 달리 저하된 부분이 있다면 고객이 보상해야 하는 구체적인 기준을 마련하여 사전에 합의하도록 한다. 막상 실비를 청구하는 과정에서 분쟁거리가 발생할 수 있으므로 보험을 들도록 유도하는 것도 방법이다. 자동차를 빌려 본 사람이라면 대물 보상은 보험으로 해결할 수 있어도, 해당 사고로 다른 이에게 수리 기간 동안 차를 빌려 줄 수 없게 되어 발생하는 매출 손실은 휴차료라는 비용을 별도로 내야 한다는 계약에 서명을 해 본 적이 있을 것이다.

- **사용량 한도** : 앞서 예를 들었던 노트북 컴퓨터라면 전원이 하루에

몇 시간 켜 있었는지에 따라 렌털료가 달라지지는 않을 것이다. 하지만 렌털 자산의 가치가 시간보다는 주행 거리 같은 사용량에 따라 현저히 달라지는 제품도 있기 마련이다. 이 경우 사용량을 제한하거나(예: 주행 거리 제약) 이를 넘는 경우 추가 요금을 청구하여 렌털 자산의 가치 하락을 보전하거나 수입을 일부 보전 할 수 있다. 저가형 렌터카 상품에서 이를 활용하는 경우가 있다.

- **사업자 책임의 한도** : 렌털 사업자가 고객이 사용 중 과실, 제품 자체의 결함에 의해 발생하는 물적, 인적 피해에 대해 직접적인 배상을 하지 않는다는 면책항목이다.
- **사용전과 사용 중 고객의 의무** : 고객이 제품의 특징에 대해 숙지해야 하는 내용이 있을 수 있다. 예를 들어 조작 방식이 전자화된 최신형 기계류를 수 십 년 전 구형 제품만 써오던 고객에게 아무런 교육도 없이 빌려주는 일은 고객의 안전이나 기계의 수명 모두에 리스크를 불러오는 일이다. 또한 장기 렌털의 경우 정기점검이나 예방정비가 필요한 장비인데, 고객이 주행이나 시간 적산계 정보를 제때 알려주지 않거나, 심지어 기계에 경고등이 뜨거나 에러메시지가 나와도 사업자에게 알려주지 않는 일이 생겨도 안 될 것이다.
- **재산권 확인 및 재임대 관련 규정** : 대부분 고객의 직접 사용만 허락하고, 재임대를 금지하는 조건이 필요할 수도 있다. 물론 임대사업자간의 사업 목적의 임대, 임차라면 이 같은 조건을 적용할 필요가 없다.

4.3 재매입 및 중고가격 보장 Repurchase & Residual Value Guarantee

개요

영향력이 큰 어떤 고객이 있다고 치자. 지금 제품을 살 테니, 몇 년 후에 중고품 가격을 보장하고 되 사달라고 한다. 많이 팔아주는 대형고객이 이런 요구를 하면 거절하기 쉽지 않은 법이다. 실제로, Hertz 같은 렌터카 회사는 새 차를 구입할 때, 절반 이상은 약간의 프리미엄을 더 내는 것을 감수하고라도 재매입 repurchase 조건으로 계약했다.[26] 구매자인 렌터카 회사 입장에서 재매입 계약은 풋옵션 put option 이다. 즉, 판매자는 재매입 의무를 지지만, 구매자는 약정했던 시점에 반납해도 되고 아니면 계속 보유하고 싶으면 계속 보유해도 되는 것이다.

재매입 조건부 판매 상품은 Buy-back, repurchase, put option 등 다양한 용어로 통칭되고 아래와 같은 특징이 있다.

- 판매자가 중고품을 약정한 금액이나 새 제품 가격의 몇 % 비율로 매입함.
- 재매입 여부는 고객이 판단하여 행사여부를 결정함.
- 옵션 행사에 제약이 있는 특약 조건이 있음.

---

26) hertz 2013 annual report 참고

중고품을 회수하고 되 사주는 것 자체가 아니라, 미래 시점에서 특정한 가격이나 조건으로 되 사줄 것을 약속하는 것이다. 따라서 중고품의 가치를 가능한 정확히 그리고 합리적으로 예측하는 것이 중요하다. 결론부터 말하면, 본 장의 재매입 및 중고가격 보장은 구조적으론 리스, 렌탈과 같다.

TV나 냉장고 같은 가전제품을 구입할 때, '경쟁사 제품도 가져오시면 중고품을 보상 해 드린다.'는 판촉행사가 많이 있다. 이러한 보상 판촉은, 고객이 반납하는 오래된 중고품에서 고물값 정도만 회수 가능하고, 실질적인 잔존 가치는 없다고 보지만(조금은 있을 수도 있지만 사실상 고물값에 가깝다) 새 제품을 살 때, 고객에게 혜택으로 주는 할인 금액은 판촉비 예산으로 충당하는 방식이다. 이런 방식은 본 장에서 설명하려는 내용과는 다른 마케팅 측면의 단순 판촉 기법으로 구분한다.

자동차 회사의 매입 프로그램 Repurchase Program / Buyback program

미국은 자동차 렌털 산업이 가장 발달해 있고 활발한 곳이다. 광활한 국토 덕에 업무를 보러 비행기를 타고 가서 내린 공항에 입주한 렌터카 회사에서 차를 빌려 가지고 다니는 일이 아주 흔한 모습이다.

제대로 된 렌털 회사라면 고객에게 오래된 차는 주지 않는다. 노후화되면 처분하고 새 차를 들여 놓아야 계속해서 고객에게 새로운 느낌을 줄 수 있다. 제너럴 모터스(GM) 같은 자동차 회사들도 이러한 렌털 시장의 수요에 발맞추어 매입 프로그램을 미리 개발하고 정형화 해서 내놓고 있다.[27] 이름 그대로 자동차를 다시 매입하되, 사용기간에 따라 돌려주는 금액이 달라지는 상품이다. 즉, 렌터카 회사가 계약을 맺고 차 값과 수수료를 치르면 차를 내어 준다. 이제 아래와 같이 일이 진행된다.

렌터카 회사가 차종 A를 차 값 $30,000과 수수료 $500을 자동차 회사에 낸다. 이때, 한 달에 $600 씩을 감가액으로 정하기로 약정한다. 최소 기간은 5개월이고, 최장 12개월까지 약정을 맺을 수 있다. 예를 들어 12개월 후 반납한다면 렌터카 회사는 차 값 $30,000에서 매월 $600에서 12개월을 곱한 $7,200 만큼이 차감 될 것을 알고 있다.

- 주행거리 25,000마일 까지는 기본으로 제공하고 그 이상 주행시 반환 금액에서 1마일당 0.4 달러 차감하기로 한다.
- 렌터카 회사가 자동차 회사가 지정하는 곳으로 차량을 반납한다.
- 자동차 회사가 차량을 회수하고 감정 평가한다.
- 자동차 회사가 사용 기간만큼의 감가액과 차량 상태에 따른 원상 복구액(차량 손상 발견시)을 뺀 후, 남은 금액을 렌터카 회사에 돌려준다. 차가 양호한 상태였다면 이 렌터카 회사는 $30,000에서 $7,200을 뺀 $22,800을 돌려 받을 것이다.

---
27) General Motors Daily Rental National Purchase Program

자동차 회사 입장에서야 한 번 파는 것으로 거래가 끝나야 좋은데, 나중에 벌어질 일까지 거래가 얽혀 있게 되니 번거로울 수밖에 없다. 하지만 시장에서 살아남으려니, 이 정도 번거로움이야 감수하는 것이다. 긍정적으로 바라볼 점도 있다. 경쟁사가 이런 방식을 꺼린다면, 자사 입장으로선 차별화된 영업 솔루션이 되므로 시장 점유율이 높아질 수 있을 것이다.

그리고 이 정도 영향력이 있는 대형 거래선이라면 사전에 연간이나 분기 단위로 물량과 출고 시점을 협의하기 때문에, 제조사로서는 공장 생산과 자재 구매 같은 연관 업무의 계획 수립이 쉬워지므로 전체적인 경영 효율 증대도 기대할 수 있다. 일상에 바쁜 일반 고객들이 자동차 딜러를 찾아 가지 않아도 출장이나 여행 중에 렌터카를 통해 새 차를 접해 보도록 하는 체험과 광고 효과도 기대하는 것이다. 비교적 단거리를 뛴 출고 이후 얼마 되지 않은 양질의 중고차는 자사 딜러(대리점)들의 상품 구색을 넓혀 줄 수도 있다.

렌터카 회사 입장에서는 말할 나위 없이 좋다. 몇 가지를 들자면, 차량 라인업 fleet 관리가 편해진다. 고객을 끌어 모으려면 낡은 차를 정기적으로 새 것으로 교체해야 하는데, 그 일을 자동차 회사들이 알아서 해 준다면 절차적으로 편리하다.

중고 처분 시 리스크도 없다. 절차만 편한 것이 아니라 혹시 경기가 하강 국면에 들어가기라도 하면 중고찻값이 낮아져서 생기는 손해를 회피할 수 있게 된다. 수요가 꾸준하지 않은 특이 차종의 경우에 특히 매력적인 부분이다. 계약 자체가 풋옵션이다 보니, 렌터카 회사가 중고차 처리에 자신이 있는 경우엔 차를 계속 보유해도 된다. 현금 흐름과 유동성 관리 면에서도 좋다. 이러한 상품이 활성화 되다 보니 렌터카 회사와 자동차 회사 사이에서 차 값을 치르고 돌려받는 역할을 해주는 금융회사들도 생겨났다. 렌터카 회사의 현금 운용이 편리해 지는 것이다.

렌털 사업 자체에서도 유연성을 높일 수 있다. 스포츠카나 대형 승합차 같이 특이한 자동차는 늘 대여가 되는 차는 아니다. 즉, 앞 장에서 다루었던 것 같은 렌털의 시간가동률 time utilization 을 신경 쓰게 된다. 하지만 이러한 상품을 활용하면 자신이 이런 차를 보유할 때 감당할 비용이 얼마인지 이미 알고 있다. 따라서 공격적인 가격 책정이나 탄력적인 프로모션 설계 같은 전략을 짤 수 있게 된다.

프로그램의 설계

파는 사람 입장에선 되 사준 다는 개념 자체가 그닥 달갑진 않은 데다가, 가격도 보장해 줘야 하니 쉽지 않다. 경쟁력 있는 상품이 되려면 매월 차감액을 가능한 싸게 해줘야 하고, 그러려면 잔존가를 높게 제시할 수 있어야 한다. 잔존가를 보장해 준다던 영업 프로그램이 실상을 알고 보니, 시세 보다도 보장액이 적다면 판매자 입장에서 손해 볼 일은 줄겠지만, 고객사가 보기엔 "판매사의 생색 내기"에 불과하게 된다.

따라서 잔존가율 자체는 고객이 매력적으로 느낄 수 있는 수준으로 설정하되, 판매사도 좋은 물건을 되 사들이도록 안전 대책을 마련해야 한다. 앞서 리스와 렌털을 소개할 때, 이미 이러한 대책에 대해 다루었으므로 낯설지 않은 내용들이다.

재매입 보장 의무 무효화 조건 설정

고객의 물품 구입 대금 미납 등 고객의 의무 미이행 같은 경우를 들 수 있다. 이런 경우엔 당연히 재매입 의무가 소멸되도록 해야 한다. 침수를 당했거나 화재가 있다고 해도 고객이 감당할 부분이지, 판매자가 불타버린 차를 되 사 줄 수는 없는 노릇이다.

손망실로 인한 가치 손실분의 잔존가 반영

약속한 잔존가가 어떤 조건을 기준으로 하는지 가능한 상세히 설명하고 상호 이해하도록 한다. 즉, "우리가 보장해 드리는 잔존가율은 제품이 서로 약속한 상태대로 되돌아 왔을 때 그렇다는 것이고, 그렇지 않으면 항목별로 ○○%씩 감가 사유가 됩니다."를 고객이 분명히 이해해야 한다는 뜻이다. 그러면 고객은 보장가격의 감가를 받아들이던지 약정된

보장가를 받기 위해 자체적으로 수리를 할지 판단할 것이다.[28]

계약 기간이나 조건의 제한

재매입한 중고 제품이 상품으로서 가치가 있어야 한다. 특히 기술변화가 빠른 업종에 속한 제품이라면 특히 주의해야 한다. 예를 들어 5년 된 차량이나 건설 중장비는 조금 수리하면 금방 매매가 가능한 수준이 될 수도 있지만, 5년 된 노트북 컴퓨터는 사방에 스크래치가 났거나, 자판의 글자가 땀으로 지워졌거나, 최근 나온 소프트웨어를 돌리기엔 성능이 턱 없이 떨어지는 상황이 생길 수도 있다. 따라서 중고품으로서의 가치가 있는 연식이나 사용량의 범위 내에서만 재매입을 요구할 수 있도록 해야 한다.

판매자의 계약 이행 담보 제공

이 부분은 고객사에서 관심을 가질 사항이다. 제품이 중고로 처분하기 쉽지 않고 중고 시장도 활성화 되지 않았다면, 고객 입장에선 미래에 계약 내용이 잘 준수될 수 있을지 여전히 불안할 수 있다. 그리고 어떤

---

28) 이동통신회사들이 중고폰 선보상 프로그램을 내놓은 적이 있었다. 계약 후 18개월 사용 한 다음 중고 단말기를 통신사에 반납하는 조건으로 미리 할인을 받는다. 하지만 화면 액정에 금이 가거나 하는 등의 외관상의 품질 저하가 있는 경우엔, 반납을 받아주지 않는다는 조건을 포함해 상품을 설계했다. 이런 경우엔 수리 후 반납하거나 선 할인 받은 금액을 일시 또는 할부로 납부하도록 했는데, 수리 비용이 비싸게 든다는 이유로 불만을 제기하는 소비자가 많았다.

이유로든 판매자가 계약을 성실히 이행하지 않는다면, 고객사는 자신의 노력과 비용을 들이게 되는 상황이 발생할 수 있다. 이 경우 고객사가 판매자에게 재매입과 잔존가 보증의 이행을 확약하는 담보를 제공하던가 금융권을 통해 이행보증증서 performance bond 를 제공토록 계약이 맺어질 수도 있다.

재무적인 고려사항

판매자 입장에서 신품 가격이 100만원이었는데 잔존가율 30%를 보장했다면 미래에 30만원을 보장하는 것이다. 판매자는 미래 시점에서 고객이 재매입을 요청하면 고객에게 30만원을 내주고[29] 이를 돌려 받은 후에 보수하여 판매하거나 부품 상태로 처분하는 식으로 어느 정도의 금액을 회수할 것이다. 이 과정에서 손해 볼 가능성이 있다. 판매자의 비용은 확정이지만, 회수액은 알 수 없는 금액이다. 따라서 아래와 같은 방식을 참고하여 미리 손실에 대해 대비할 수 있을 것이다.

- **판매가격에 반영** : 계약을 이행하는 과정에서 몇 % 정도의 손해가 날지를 추정하여 그 만큼의 액수를 판매 가격에 더 해준다.
- **손실 충당금 설정** : 손실 충당금을 반영해 두었다가 계약 시행 이후에 정산하여 영업 외 손익으로 정리한다.

---

29) 미래 시점의 30만원을 뜻한다.

판매가격에 재무 리스크를 반영하는 첫 번째의 경우엔, 고객의 니즈가 보유한 자산을 쉽게 처분하는 것이 중요시 될 때 적합하다. 그래야 판매자가 중고품의 처분을 대행해 주는 과정에서 약간의 프리미엄이 붙을 수 있다는 것을 고객도 합리적으로 이해할 수 있다.[30]

손실 충담금 설정을 검토할 때는 내부적인 지침과 더불어 회계기준도 참고해야 한다. 예를 들어 IFRS 회계 기준에서는 재매입이나 잔존가 관련 보장에 대한 특별한 언급이 없다. 하지만 기존 미국 기업회계기준 (GAAP)에서는 이러한 판매 계약에 대해, 첫째, 특정가격에 재매입을 보장하거나, 둘째, 중고품의 판매 후 회수된 금액이 판매자가 보장했던 금액을 하회하면 이 부족분을 돌려주기로 한 계약은 리스로 인식해야 한다는 판단이 있었다.[31]

우리나라 경우에도 크게 다를 것이 없었다. 기업회계기준서 제4호 "수익인식" 16장에는 이와 같이 규정하고 있다.

---

30) 보유한 제품을 신형으로 유지하면서 중고품의 처리가 편하다는 목적이라면 이러한 중고 가격 보장 재매입 프로그램보다는 리스나 렌털이 더 편리하고 일반적이다. 그런데 이러한 형태의 영업 프로그램이 있는 이유는 제품의 특수성에 따라 리스나 렌털 사업자가 취급하지 않으려는 방식이거나 비용 절감을 위해 고객사가 중간에 다른 사업자를 배제하길 원하기 때문일 수 있다.
31) 관련 원문은 http://www.fasb.org/에서 EITF Issue No. 95-1로 검색하여 찾을 수 있다. 이러한 경우는 중간에 개입된 금융회사나 판매회사가 없고, 제조자와 수요자 양자간에 이루어지는 직판 거래를 예로 들 수 있다.

> "거래 이후에 판매자가 소유에 따른 위험을 일부 부담하더라도 그 위험이 별로 중요하지 않은 경우에는 해당 거래를 판매로 보아 수익을 인식한다. 예를 들면, 판매자가 판매대금의 회수를 확실히 할 목적으로 해당재화의 법적 소유권을 가지고 있더라도 소유에 따른 위험과 효익의 상당부분이 실질적으로 구매자에게 이전되었다면 해당 거래를 판매로 보아 수익을 인식한다.[32]

반품 가능 조건으로 판매하는 것은 이와 다른 별개 사안이다. 예를 들어 "마음에 들지 않으시면 1달 이내에 환불해 드리던지 다른 모델로 바꾸어 드립니다."의 경우에는, 미래에 질 반품의 의무를 지금 시점에서 약정하는 것이므로 그 의무를 이행하는데 소요되는 금액만큼을 충당부채로 인식하는 것이다.

---

32) 회계기준서 부록에는 아래와 같은 해설이 있다.
    "판매자가 판매와 동시에 당해 재화를 후에 재구매할 것을 약정하거나 재구매할 수 있는 콜옵션을 가지는 경우, 또는 구매자가 판매자에게 재구매를 요구할 수 있는 풋옵션을 가지는 경우가 있다. 이 때, 소유에 따른 위험과 보상이 구매자에게 실질적으로 이전되어 판매자가 수익을 인식하여야 하는지의 여부는 해당 계약의 실질적인 내용에 따라 결정한다. 법적 소유권이 이전되었다 하더라도 판매자가 소유에 따른 위험과 보상을 계속하여 보유하고 있다면 이러한 거래는 판매거래가 아니며 금융거래로 본다."

5. 운용단계 관련 솔루션

운용 operating 단계의 솔루션이라 함은 고객이 제품을 구입한 이후 폐기할 때까지 드는 비용이나 관리 측면의 수고를 덜어줄 수 있는 서비스 프로그램을 뜻한다. 판매자 입장에선 소모품 교환, 고장 수리와 같은 서비스 제공을 통해 고객에게 가치를 제공하고 수입을 얻는 상품이다. 이전 장에서는 운용비용 operating cost 을 연료비 energy cost, 소모품비, 정비 및 수리비 등으로 나누었다. 이 장에서 소개할 프로그램들은 이와 같은 요소들을 활용하여 만든 서비스 솔루션이며, 이러한 요소들의 일부 혹은 전부를 조합하면 이 책에 나오지 않은 여러 가지 형태의 서비스 상품도 만들어 낼 수 있다.

앞서 자본 / 취득단계 영업 솔루션이 숫자와 이성의 영역이라면, 운용단계 서비스 솔루션은 고객의 제품 사용 경험과 함께 하는 감성적인 영역이다. 제품을 구입할 때는 객관화된 자료(가격도 객관화된 평가지표다!)가 많지만, 사용 과정에서는 대면 접촉이 많아지므로, 이 단계에서 만족 여부에 따라 충성고객이 이탈고객이 될 수도 있다. 전통적인 산업에서는 제조자는 제품의 개발과 제조에 좀 더 전문화 되어 있고, 직접 관장하기 어려운 유통, 판매, 사후 관리 서비스는 대리점을 통해 제3자에게 맡기는 경우가 많았다. 그런데 경쟁이란 건 늘 치열하고 제품마저 제조사별로 어느 정도 기능과 품질 수준이 평준화되면서 고객의 인식 속에 차별화를 심어주기가 점점 어렵게 되었다. 또한 고객에게 차별화된 인식을 주지 못하면 가격 프리미엄을 내려는 수용 의사도 낮아지기 때문에 가격 경쟁 속에서 수익성이 악화되는 구도가 만들어지게 된다.

따라서 업계의 선도 업체는 일찍부터 이 점을 간파하고, 완전히 탁월한 차별점을 창출하기 어려운 제품 자체 보다는, 고객이 제품을 사는 이유와 고객의 본업 상의 니즈 needs 에 관심을 두고 서비스에 대한 역량을 길러오는 데 많은 노력을 기울였으며, 그 결과 라이프 사이클 전반에 대한 솔루션의 포트폴리오를 완성하는 것은 물론이고 매출, 이익의 추가적인 창출을 통해 제품 판매가 줄어드는 불황기에도 충격에 강한 내성을 기를 수 있게 되었다.

제품은 벤치마킹과 리버스 엔지니어링을 하면 남의 것과 비슷하게 만드는 데 오랜 시간이 걸리지 않지만 서비스 상품은 시행하기 위한 기반 구축과 실행하는 사람에 대한 이해와 교육, 경험, 심지어는 인성까지 갖추어야 하기 때문에 겉으로는 비슷하게 모방해도 실행 단계에서 나오는 품질과 고객의 만족도 수준은 크게 달라질 수 있다.

이번 장에서 소개할 서비스 프로그램은 정비, 유지 보수 활동이 연계되어 있다. 고객에게 더욱 양질의 솔루션을 제공하려면 이러한 프로그램을 각각으로 이해하는 것 보다는, 고객을 도와서 나도 잘 되자는 유연한 생각으로 우리 회사의 서비스 솔루션이 지향할 방향에 대한 전체적인 그림을 그려 나가는 것도 좋다. 말은 그럴 듯해도 기업 내 서로 다른 부서가 한 몸처럼 협업의 범위와 응집력을 높여가면서 회사 전체의 역량과 지식을 결합해야 양질의 서비스를 제공할 수 있다는 걸 느끼게 될 것이다.

5.1 보증 연장 프로그램 Warranty Extension Program

보증수리는 제품 구매 후 약속한 기간 내에 발생한 하자에 대해 제조자가 무상으로 수리하거나 교환해 주는 것을 뜻한다. 제품의 오남용이나, 사고로 인한 파손은 제외하고 제품 설계나 제조 과정이 원인이 되는 하자만 보증하기 마련이다. 많은 나라가 소비자보호법에 해당하는 법규를 통해, 이러한 서비스를 어떠한 상황에서 어떠한 조건으로 제공해야 하는지에 대해 규정하고 있다.[33]

따라서 보증수리 자체는 법적인 의무 사항으로 볼 수도 있다. 이러한 법적인 의무를 뛰어넘어 고객에게 보다 나은 보증수리 조건을 제공하는 경우가 이번 장에서 다루고자 하는 내용이다.

---

33) 대한민국의 경우 국가법령정보센터 홈페이지 http://www.law.go.kr 에서 확인 가능하다.

보증수리를 고객 케어 customer care 와 서비스 마인드라는 시각에서 접근하기도 한다. 미담 사례를 만들 때 흔히 고객 케어를 말하는 것이다. 그러나 무상보증수리는 보증서에서 규정해 놓은 것만 대상으로 하는 냉정한 것이다. 다만 규정이 애매한 부분이 있거나 무상보증수리를 받을 수 있는 조건이 충족 되지 않지만, 누구 과실인지 규명하기 어려운 애매한 상황, 결과적으로 고객의 손실이 클 것으로 예상되는 경우, 또는 고객과의 분쟁을 마무리하기 위해 보상을 제공하는 경우라면 이는 보증수리가 아니라 굿 윌good will로 간주하면 된다. 또 다른 경우는 법 기준이나 업계의 통상적인 조건을 뛰어넘는 특별한 무상보증조건을 제시하는 경우도 있다. 이 역시 고객 케어나 고객 만족 같은 것으로 포장되어 있어도, 내용적으론 마케팅 예산을 들여 운영하는 마케팅, 판촉 프로그램으로 보는 게 더 정확하다.[34]

이론적 배경

보증연장 프로그램은 유상으로 판매하면 상품이 되고 무상으로 제공하면 마케팅, 판촉 프로모션이 된다. 실무적으로는 보증하는 부품의 종류와 보증 기간의 2개 주요 변수를 조합해서 여러 가지 상품을 만들

---

34) 자동차 완성체 업체들이 전략 시장별로 경쟁사 대비 차별화된 보증조건을 제공하는 것도 같은 맥락이다. 사례를 들자면 기아차는 유럽에 씨드를 출시할 때 토요타의 5년 보증에 맞서 7년 보증을 제공했다. 이를 통해 현지 언론과 고객의 관심을 끌고 판매 증대를 꾀하는 것은 물론, 고객 충성도 향상, 중고차 잔존가 상승에 따른 신차 판매시 우선 고려와 같은 선순환의 흐름을 만들고자 했다.

수 있다. 예를 들어 제품 전체를 보장하거나, 고가의 핵심 부품만을 대상으로 할 수도 있다. 보증 기간도 마찬가지다. 특정한 시간 간격이나 조건별로 구분하면 다양한 상품 조합을 만들 수 있다.

표 3 보증기간과 보증범위를 기준으로 하는 상품 전개 예시

		보증범위		
		핵심부품	주요부품	전체부품
기간	1년	기본보증		
	3년	상품1	상품2	상품3
	5년	상품4	상품5	상품6
	7년	상품7	상품8	상품9

보증연장 프로그램은 판매자 입장에선 비용 증가를 뜻한다. 제품을 더 오래 보증해야 하니 당연히 돈이 더 들어간다. 그래서 계약기간 중 고장은 얼마나 더 나오고, 비용은 얼마나 더 들지를 예측해야 한다. 따라서 언제쯤, 어떤 상황에서, 어떤 부품이 고장 날 수 있는지 예측할 수 있는 품질과 내구성 정보가 필요하다.

고장에 대한 자료를 축적하는 방법은 두 가지이다. 일단 떠오르는 생각은 실제 고장 자료를 활용하는 것이다. 자료가 충분히 축적되어 있는 경우엔 가장 좋다. 하지만 초기 고장 말고 장기간 사용 후 고장에 대해선, 정보가 부족하기 마련이다. 고객들이 처음엔 공식 서비스 센터를 이용하다가, 보증기간이 끝나면 시중의 수리 업소를 이용하거나 큰 고장이 나면

버릴 생각으로 작은 고장은 방치하는 경우도 있기 때문이다. 그리고 신제품이 나오면 부품도 바뀌기 때문에 무조건 실제 이력이라고 해서 지금 팔리는 제품에도 들어 맞는다는 보장이 없다. 다른 방법은 사전에 내구성 테스트를 해보고 자료를 확보하는 것이다. 테스트도 훌륭한 방법이지만 특정한 시험 조건이 현실에서 고장을 유발하는 다양한 원인을 모두 반영하는 게 어렵기 때문에 시험을 해도 나중에 현실과는 다른 고장 형태나 내구 수명 결과치를 보여줄 수도 있다. 그래도 신제품 출시 전 내구 시험을 거쳐 얻은 신뢰성 데이터를 활용하면 신제품의 고장 확률을 추정할 수 있고 보증비용을 어느 정도 예측할 수 있게 된다.

특정한 제품의 품질이나 내구성 수준에 그다지 연연하지 않는 보험상품 개념의 보증연장 프로그램도 있다. 생명보험에서 사람들의 평균 수명, 평균 수명의 변화 추이 같은 확률 분포 모형을 기반으로 상품을 개발하는 것처럼, 유사 제품군에 대한 방대한 기존 이력을 위주로 고장 확률을 계산하고 요율을 결정하는 것이다. 하지만 제조자 기반 보증연장 프로그램은 특정 제품과 그 속의 주요 부품에 대해 상대적으로 많은 정보를 가지고 있기 때문에, 고장과 신뢰성 데이터의 상관성을 기초로 확률 분포를 계산한다.

고장의 종류

이 책이 품질이나 신뢰성 기술을 깊게 다루려고 하는 것은 아니다. 하지만 보증연장은 필연적으로 고장과 맥을 함께 한다. 그래서 고장에 대해 기초적인 개념을 소개하고자 한다.[35] 학자들이 고장이라는 현상을 관찰하다가 크게 3가지 유형으로 구분 했다. 첫째로 설계나 제조, 조립 과정의 불완전함이 원인으로 나타나는 초기 고장이 있다. 둘째로는 사용 중에 간헐적으로 발생하는 우발 고장이 있다. 예측하기 어려운 고장이다. 마지막으로 내구 수명의 한계에 달했을 때 발생하는 마모 고장이 있다. 이 중에서 보증수리가 다루고 있는 영역이 초기고장과 우발고장이다. 각각에 대해 좀 더 알아보자.

초기고장

초기고장은 말 그대로 얼마 쓰지도 않아 생긴 고장이므로, 설계가 부실하여 제품 사용 목적이나 환경을 충분히 반영하지 못했거나, 제조나 조립 과정에서 기초적인 품질 관리가 제대로 이루어지지 못했다는 것을 뜻한다. 따라서 개발 단계에서 충분히 테스트를 하고, 판매 전에도 검사를 해서 아예 발생하지 않는 것을 목표로 해야 한다.

---

[35] 신뢰성 공학에 대해 몇 가지 책이 나와 있지만 '제품 성공을 위한 품질 신뢰성 기술, 유동수'가 비교적 읽기에 쉽다.

우발고장

우발고장은 어느 정도 쓰고 난 다음에 나타나는 고장이다. 가장 처음에 고장 나는 부품이 전체 고장률을 결정짓는다. 대부분 부품이 믿을 만하더라도 어느 하나가 수명이 짧으면 그것 때문에 제품이 고장 나고 수리해 주는 일이 생긴다. 그래서 핵심 부품의 목표 수명은 동일한 수명을 가지는 것을 목표로 개발해야 한다. 보통 공산품이 무상보증으로 커버되는 한계는 우발고장이 일어나는 기간의 초반부이다. 따라서 제조자가 보증기간을 늘릴 때 보증비용 폭탄을 맞지 않으려면, 모든 제품의 우발고장률을 합산한 누적 고장율이 무상보증기간 이내에 들어오게끔 내구수명과 신뢰성 수준을 확보해야 한다.

마모고장

마모고장은 제품을 오랜 시간 사용하고 나서 부품이 수명을 다할 정도로 노후화되어 발생하는 고장이며, 의미상 내구수명과 같은 말이다. 같은 제품 안에서도 어떤 부품은 수명이 짧고 어떤 것은 길다면 그 제품은 수명이 짧은 부품 때문에 폐기하게 되고, 반면 수명이 긴 부품은 상대적으로 불필요하게 과설계가 된 셈이 된다. 따라서 가능한 각각의 구성 부품이 비슷한 내구수명을 갖도록 하는 것도 필요하고, 이러한 내구수명이 보상보증기간 보다 확실히 긴 수명을 갖게끔 만들어야 한다.

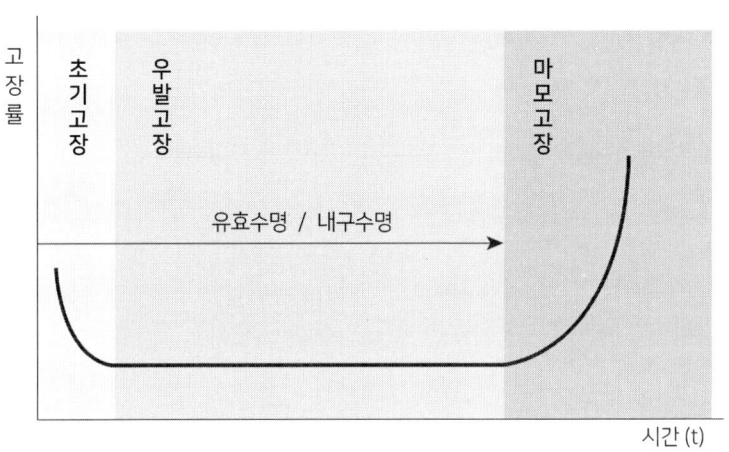

┃그림 11┃ 시간과 고장 발생의 관계

고장의 모습 - 형상 함수

신뢰성 분야를 연구해온 사람들은 고장이라는 것이 어떠한 양상으로 나타나는지를 정형화 하고 싶어 했다. 그리고 고장 발생에 대해 기본 유형을 정리했다.

- 모든 제품은 결국 오랜 시간이 지나면 다 고장 난다.
- 모든 제품은 오랜 시간 동안 고장 없이 작동되는 것을 목표로 설계되고 제조된다.

그러나 실제로는 고장이 모두 같은 속도로 발생하지 않는다. 초기에는 고장률이 높다가 (초기고장) 나중에 시간이 지나면 고장률은 오히려 감소한다. 위의 두 가지 기본 유형을 수식으로 표현한 것을 '고장의 형상 함수 F(t)' 라고 한다. 그리고 이와 반대로 아직 고장없이 잘 돌아가는 물건의 비율은 신뢰도라고 한다. 그리고 이 신뢰도를 시간에 대한 함수로 나타낸 것을 '신뢰도의 형상 함수'라고 하고 R(t)로 표기한다. 즉, 고장률과 신뢰도는 역수 관계이다.

예를 들어 앞의 그림11의 곡선과 같이, 그 생긴 모습이 항아리 형태이던, 욕조 형태이던 간에, 어떤 물건의 고장률 또는 신뢰도를 가장 현실과 비슷하게 표현할 수 있는 수식이 있다면 그 수식을 고장률로 사용하면 된다.

이러한 수식 중 가장 기초적인 게 지수함수이다. 만약 시중에 100개 팔려나간 어떤 제품에 대한 누적 신뢰도를 생각해 보자. 즉, 이 누적 지수함수는 처음에는 멀쩡하던 제품 100개가 시간이 가면서 한 개, 두 개씩 고장 나다가 결국 어느 때인가에 이르면 거의 다 고장 나기 마련인 모습을 담고 있다.(실제로도 이런 일이 있을 수 있다!)

$$R(t) = e^{-\lambda \cdot t}$$

수식으로는 지수 e를 쓰고 있고, 음의 부호가 승수로 붙어 있어 아래로 내려가는 역의 모습을 담고 있다. 여기서 λ = 1/ MTTF Mean Time to Failure

라는 것인데, MTTF는 고장이 발생했던 평균 시간을 뜻한다. 여기서 MTTF에 임의의 숫자를 대입해 (아래에선 별 뜻 없이 9를 대입해 보았다.) 그래프를 그려보면 아래와 같은 모양이 나온다.

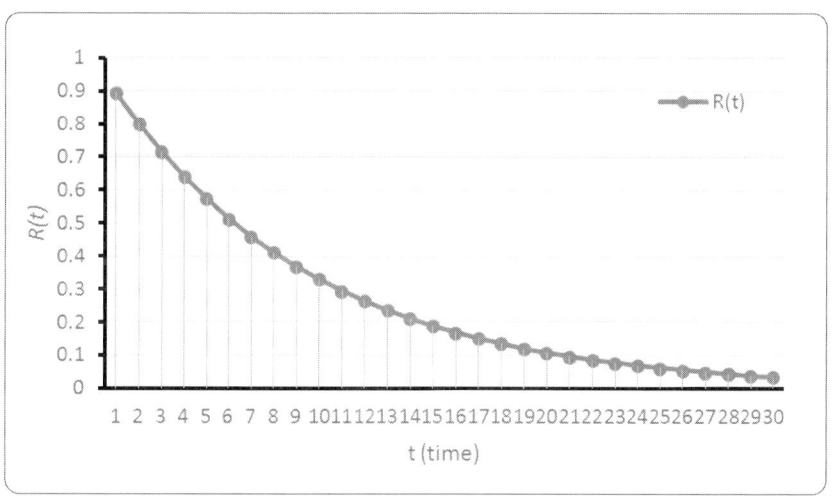

예를 들어 위와 같이 고장 발생까지의 사용시간 즉, MTTF = 9라고 쓴 것이 9개월임을 가리킨다고 가정해 보자. 이 고장 발생 평균 시점 9개월을 같은 수식에 대입하면 정상제품의 비율 즉, 신뢰도 $R(t) = e^{(-1/9 \times 9)} = e^{(-1)} = 0.37 = 37\%$이 된다. 아직 멀쩡한 제품 비율이 37%이므로 반대로 고장 난 제품의 누적 비율을 나타내는 누적 고장확률 F(t)는 100% −37%인 63%가 된다.

수식으로 쓰면 아래와 같다.

누적 고장확률 $F(t) = 1 - R(t) = 1 - e^{(-\lambda \cdot t)}$

이러한 지수분포 모델은 비교적 쉽지만 아무런 제품에 다 쓸 수는 없다. 초기 고장이 거의 없고 시간에 따라 고장률이 일정한 제품에만 유용하다. 예를 들어 출하 전 품질 검사가 잘 되어 있거나 길들이기가 미리 되어 있는 제품이 이러한 범주다.

고장 형상 함수(와이블 분포)[36]

앞에선 고장 발생 시기를 표현하는 방법으로서 지수분포라는 수식을 소개했다. 그런데 이 보다 보편적으로 쓰이는 지표는 와이블 분포이다. 스웨덴 출신 '발로디 바이블 Walodi Weibull '이라는 사람이 창안한 와이블 분포의 가장 큰 특징은 '형상모수'라는 개념을 접목하여 다양한 형태를 표현할 수 있다는 점이다. 이 확률분포는 '형상모수' 때문에 식은 복잡하다.[37]

$$확률분포(t) = \frac{\beta}{\eta}\left(\frac{t}{\eta}\right)^{\beta-1} e^{-\left(\frac{t}{\eta}\right)^{\beta}}$$

여기서 β beta 가 형상모수 shape parameter 이고, η eta 가 척도모수 scale parameter 라는 것인데 각각의 의미는 아래와 같다.

---

36) 한국신뢰성협회 웹사이트나, 인터넷 검색을 통해서도 이에 대한 자료를 구할 수 있다.
37) 엑셀에서도 편리하게 함수를 쓸 수 있다. 이 공식의 경우라면 =Weibull.dist(t,,FALSE)로 입력하면 위의 그래프를 그릴 수 있다. 여기서의 확률분포는 Probability Distribution Function을 나타내고 있으며 변수 t에 대한 단일값을 보여주고 있다.

- β **(형상모수)** : 그래프의 형상이 어떠한 분포 (예: 정규분포인지 아니면 앞에서 소개했던 것 같은 지수분포인지)인지를 결정
- η **(척도모수)** : 평균값과 최빈값(가장 많이 나타나는 값)은 어디에 있고, 어느 위치에 얼마나 집중되어 있는지를 결정

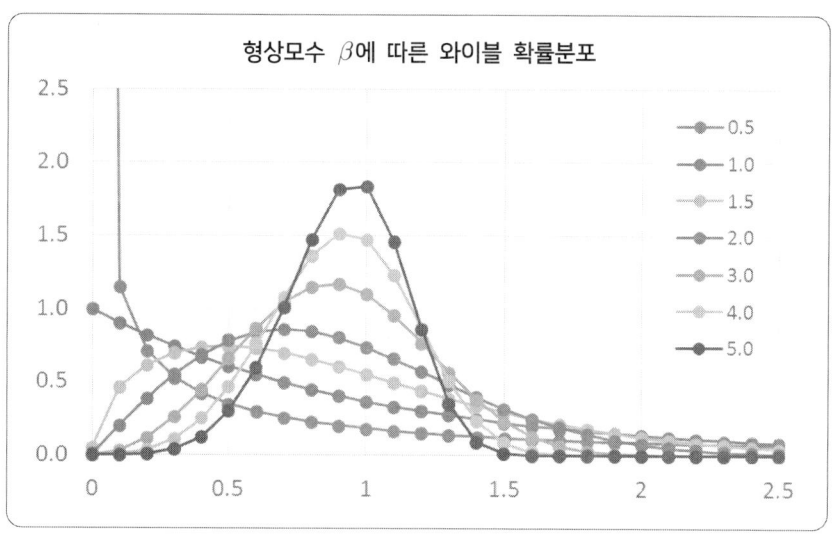

이 그래프에서 가로축은 시간 t이다. 형상모수에 0.5를 넣어봤더니 초기에 y값이 높게 나왔다. 즉, 고장확률이 제품사용 초기에 높게 나타나는 모습을 수치적으로 표현하고 싶다면, 형상모수를 작게 넣으면 된다는 뜻이 된다. 형상모수가 커질수록 고장의 확률은 t에 따라 오른쪽으로 이동한다.

형상모수 β가 1보다 작은 경우 그래프는 위의 지수 분포와 비슷한 모양이 된다. 형상모수 β가 1 정도라고 하면 누적 고장률이 직선 비슷한 모양을 띠게 된다. 형상모수 β가 1 보다 크면 뒤로 갈수록 고장률이

높아지는 모습이 강해진다. 사실 실생활에선 이게 바람직한 모습이다. 초기에는 고장이 없고 한참 뒤에 내구 수명에 달하면 고장이 나타난다는 뜻이기 때문이다.

이왕 복잡해 진 거 '척도모수'에 대해서도 살펴보자. 형상모수 β에 임의로 3을 넣고 척도모수만 0.5부터 3까지 달리 대입해 보면 아래와 같은 그래프가 나온다.

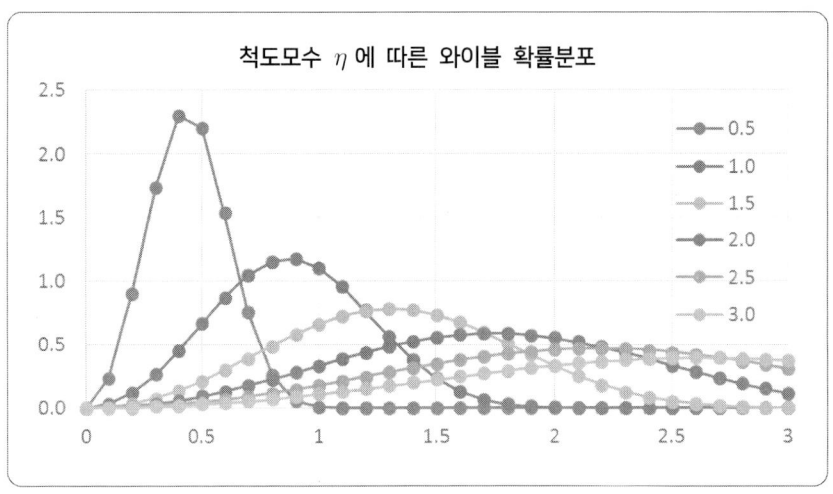

y값의 최고치는 모두 다르게 나왔지만 (우측으로 갈수록 작아졌다), 척도모수가 커질수록 볼록 위로 튀어나온 중심점의 위치가 오른쪽으로 이동했다. 결국 형상모수와 척도모수 이 두 가지를 조합하면, 시간에 따라 고장률이 줄어든다거나 혹은 반대로 늘어나는 경우 모두를 이 와이블 분포 하나로 다 나타낼 수 있다. 이러한 유연성이 와이블 분포를 제품의 수명과 신뢰성을 분석하는 대표적인 도구로 만든 비결이었다.

누적고장확률을 추정하는 방법

지금까지 어렵고 복잡한 와이블 분포를 설명한 이유는 보증비용에 직접 영향을 주는 고장확률을 수식으로 표현하는 방법을 알리기 위함이었다. 자, 이제 어떤 제품이 10개가 있다고 쳐보자. 쓰다 보면 이 중에 맨 처음 고장 나는 게 나올 것이고, 얼마 지나서 두 번째로 고장 나는 물건이 있게 된다. 그러다가 언젠가는 10개 모두 고장 날 것이다. 이렇게 10개 중에 현재까지 몇 개가 고장이 나는 것, 혹은 달리 말해 몇 개가 고장 나지 않고 정상일지도 와이블 누적고장확률과 신뢰도로 표현할 수 있다.

이처럼 시간 t에 대한 누적 신뢰도 R(t)와 누적 고장확률 F(t)[38]는 각각 아래의 식으로 표현된다.

$$R(t) = e^{-\left(\frac{t}{\eta}\right)^t}$$

$$F(t) = 1 - R(t) = 1 - e^{-\left(\frac{t}{\eta}\right)^t}$$

다음으로 궁금해 질 것은 '공식은 알았는데 우리가 취급하는 특정한 제품의 내구성과 이 공식을 어떻게 연결시키냐'에 대한 것이다. 결국

---

38) 누적 분포 확률의 영어 표기는 Cumulative distribution function, CDF이다.

형상모수와 척도모수를 알아야 제품의 사용량에 대응하는 고장률을 추정할 수 있다. 일단은 '왜'는 묻지 말고 아래 예시를 따라가보자.

어떤 기계에 들어가는 물펌프 10개를 골라서 내구성 시험을 했더니 각각 다음과 같은 가동 시간에 달했을 때 고장이 났다고 가정하자. 이때 고장의 정의는 '수리를 하지 않고는 제 성능을 발휘하지 못하거나 완전히 기능을 상실했다'고 정하는 게 보통이다.

시험 샘플의 고유 번호	고장 발생 시점 (Hr)	시험 샘플의 고유 번호	고장 발생 시점 (Hr)
1	9,909	6	12,922
2	10,442	7	10,425
3	16,201	8	8,954
4	14,272	9	13,705
5	8,163	10	11,210

이 표를 고장이 빨리 난 것부터 가장 오래 간 것 순서로 재정렬한다. 그리고 고장 발생 시점과 고장순위 자료를 가지고 아래 표에 나온 것처럼 추가적으로 고장 발생 시점에 자연로그 ln을 씌운 값을 추가한다. 그 다음에 표의 오른쪽 고장 순위 쪽을 보니 메디안(중앙값) 순위, MR이라는 새로운 개념이 또 들어와 있다. 이 메디안 순위는 각각의 고장 순위가 전체 100% 모집단 중에서 몇 번째 정도를 차지하는지를 뜻하는 누적 순위 개념이다. 우리가 살펴보고 있는 누적 고장확률 $F(t)$에 y 값으로

대입하려고 누적 순위 개념을 가져온 것이다.[39]

고장발생 시점 (Hour)	ln(고장 발생시점)	고장 순위	메디안 순위 (Median Rank=MR)	1/(1-MR)	ln(ln(1/(1-MR)))
8,163	9.01	1	0.07	1.07	-2.66
8,954	9.10	2	0.16	1.20	-1.72
9,909	9.20	3	0.26	1.35	-1.20
10,425	9.25	4	0.36	1.55	-0.82
10,442	9.25	5	0.45	1.82	-0.51
11,210	9.32	6	0.55	2.21	-0.23
12,922	9.47	7	0.64	2.81	0.03
13,705	9.53	8	0.74	3.85	0.30
14,272	9.57	9	0.84	6.12	0.59
16,201	9.69	10	0.93	14.86	0.99

이 과정을 거치고 있는 이유는, 형상모수와 척도모수의 두 미지수를 구하기 위해 회귀분석을 할 참이기 때문이었다. 앞서 중고품 잔존가를 검토했을 때와 마찬가지로 관찰이나 조사를 통해 구해진 어떤 x와 y 값들을 $x - y$ 좌표에 그려 넣고 나면 이 둘 간의 관계를 나타내는 회귀식

---

39) 예를 들어 샘플이 10개이고 첫 번째 고장난 것이 전체 10개 중에는 누적 기준 백분위 10%를 차지하고, 마지막 고장난 것이 전체 10개중에 누적 백분위 100%를 차지한다고 보는 게 당연하다. 그리고 마지막 고장 난 것은 16,201시간을 버텼다. 그렇다면 샘플 10개를 가지고 매긴 이 백분위가 시중에 수백만 개 팔린 펌프에 대해서도 똑같이 적용될 수 있을까? 수백만 개 중에서도 가장 먼저 고장 난 게 8,163시간 정도 되고 가장 오래 간 게 16,201 시간일까? 그렇지 않다. 수백만 개 중 첫 번째는 더 먼저 고장 날 수도 있고 최후의 제품은 이 보다 더 오래 갈 수도 있다. 그래서 여러 사람들이 고장 순위와 전체 샘플 개수만 알면 누적 백분위 순위를 아는 통계적인 방법을 고안했다. 여기서는 가장 공식이 단순한 버나드 추정법을 사용했다. 즉, 전체 10개 샘플 중 2번째 고장 순위의 백순위 순위 F(t) = (2 - 0.3) / (10 + 0.4) = 0.16 으로 계산한다.

을 구할 수 있다. 즉, x와 y값들간에 경향성을 기울기와 절편으로 구할 수 있는 것이다. 이 표에서 복잡하게 ln( )을 두 번씩이나 씌운 값을 넣은 이유도 이 값을 y값으로 쓰기 위한 것이고, x값에는 고장발생시점 값을 쓰려고 했던 것이다. 즉, 회귀식을 '$y = ax + b$'와 같이 직선형으로 단순히 표현하기 위함이었다.[40]

엑셀을 쓴다고 가정하고 아래와 같이 회귀분석을 돌려볼 수 있다. 회귀분석 창에 y값과 x값의 입력범위를 각각 G열과 B열의 값을 대입한 것을 알 수 있다.

A	B	C	D	E	F	G	H
고장발생시점 (Hour)	ln(고장발생시점)	고장순위	메디안 순위 (Median Rank=MR)	1/(1-MR)	ln(ln(1/(1-MR)))		
8,163	9.01	1	0.07	1.07	-2.66		
8,954	9.10	2	0.16	1.20	-1.72		
9,909	9.20	3	0.26	1.35	-1.20		
10,425	9.25	4	0.36	1.55	-0.82		
10,442	9.25	5	0.45	1.82	-0.51		
11,210	9.32	6	0.55	2.21	-0.23		
12,922	9.47	7	0.64	2.81	0.03		
13,705	9.53	8	0.74	3.85	0.30		
14,272	9.57	9	0.84	6.12	0.59		
16,201	9.69	10	0.93	14.86	0.99		

---

40) 이 과정이 얻어지는 수식은 다음과 같다.

$$F(t) = 1 - R(t) = 1 - e^{-\left(\frac{t}{\eta}\right)^\beta} \qquad 1 - F(t) = 1 - e^{-\left(\frac{t}{\eta}\right)^\beta}$$

$$\ln(1 - F(t)) = -\left(\frac{t}{\eta}\right)^\beta \qquad \ln\left(\frac{1}{1-F(t)}\right) = \left(\frac{t}{\eta}\right)^\beta$$

$$\ln\left[\ln\left(\frac{1}{1-F(t)}\right)\right] = \beta \ln\left(\frac{t}{\eta}\right) \qquad \ln\left[\ln\left(\frac{1}{1-F(t)}\right)\right] = \beta \ln t - \beta \ln \eta$$

마지막에 나온 식이 예로 든 10개의 샘플을 가지고 회귀분석을 돌리기에 수월한 형태가 되었다.

그 결과는 아래와 같다.

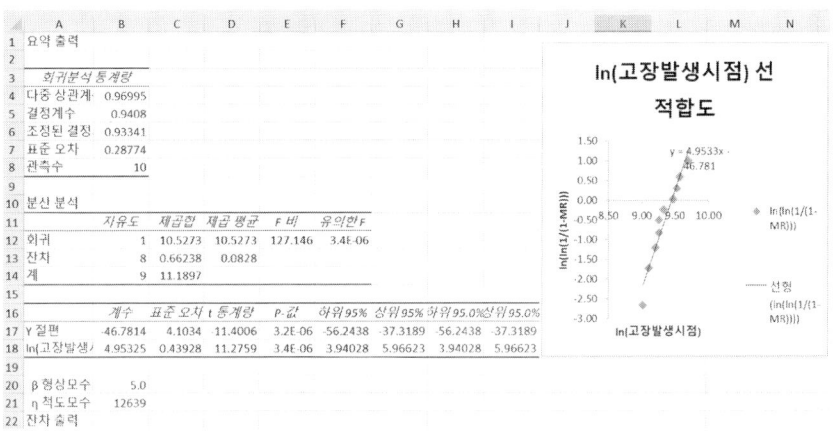

Ln(고장발생시간)의 계수가 4.95인 것을 볼 수 있다. 이 값이 바로 β, 즉 형상모수값이다. 그리고 Y절편 -46.78은 $-\beta * \ln \eta$에 해당한다. 척도모수인 η을 구하려면

$$\eta = e^{\frac{-Y절편}{\beta}} = e^{\frac{-46.78}{4.95}} = 12,639$$

로 계산하면 된다.

이제 β 형상모수와 η 척도모수를 알아냈다. 따라서 예를 든 이 물펌프의 누적고장확률을 드디어 수식으로 표현할 수 있게 되었다.

펌프의 누적고장확률

$$F(t) = 1 - e^{-\left(\frac{t}{\eta}\right)^{\beta}} = 1 - e^{-\left(\frac{가동후경과시간}{12,639}\right)^{4.95}}$$

이제 다양한 시간 t에 대해 물펌프의 누적 고장확률 F(t)의 계산결과가 어떻게 나오는지 그래프로 살펴보자.[41]

가동시간 (Hour)	누적고장 확률 F(t)	누적생존 확률 R(t)
1,000	0.0%	100.0%
2,000	0.0%	100.0%
3,000	0.1%	99.9%
4,000	0.3%	99.7%
5,000	1.0%	99.0%
6,000	2.5%	97.5%
7,000	5.2%	94.8%
8,000	9.9%	90.1%
9,000	17.0%	83.0%
10,000	26.9%	73.1%
11,000	39.5%	60.5%
11,069	40.4%	59.6%
12,000	53.8%	46.2%
13,000	68.3%	31.7%
14,000	81.0%	19.0%
15,000	90.3%	9.7%
16,000	96.0%	4.0%
17,000	98.7%	1.3%
18,000	99.7%	0.3%
19,000	99.9%	0.1%

이 표를 해석해 보자. 제품 중에서 대략 5,000시간 정도 지나면 전체 물량 중 1% 정도의 제품이 고장날 것이다. 그리고 17,000시간 정도가 되었을 때는 정상인 부품이 전체의 1% 정도일 것이라고 예측할 수 있다. 그래프를 보고 직관적으로 느낄 수 있는 부분은 대략 6,000 시간 정도까지는 고장률이 높지 않다가 이후부터는 비교적 고장률이 빠른 속도로 높아진다는 것이다.

---

41) 엑셀에 =WEIBULL.DIST(가동시간, β 형상모수와, η 척도모수,TRUE)를 입력해도 같은 결과를 얻을 수 있다.

이 고장률을 비용으로 환산해 보자. 어디까지나 가정이지만, 단순화를 위해 고장률 숫자가 매출액 대비 보증비용 %와 같다고 해 보자. 즉, 고장률이 1%이면, 이때 보증수리비는 매출액의 1%라고 가정해 보자는 것이다. 만약 이 펌프의 무상보증기간이 현재 4,000시간인데, 이를 6,000시간으로 강화한다면 보증비용이 판매액의 0.3%에서 2.5%로 늘어난다고 추정할 수 있다. 하자보수 충당비도 그 만큼 높게 잡아주어야 할 것이다. 그런데 혹시 영업부서에서 8,000시간까지 파격적인 보증조건을 내세우자고 주장한다면? 표를 보면 사실상 8,000시간까지의 고장률이 사실상 10%에 달하기 때문에 자칫 몇 년 후에 보증비용 폭탄을 맞을 수도 있고, 10%에 달하는 하자보수 충당금을 고려하면 제품가격에 보증비용 증가분을 반영해야만 할 것이다. 그리고 보증조건이 좋아졌다 해도 제품가가 눈에 띄게 높아진다면 상품으로서의 매력은 떨어지기 마련이다.

무상보증 연장을 상품으로 내놓고 싶다면 기본적으로 제품의 내구성이 뒷받침 되어야 한다. 그렇지 않으면 판매시에 반짝 인기를 끌다가 보증기간 후반부에 들어설 무렵 막대한 보증비용 부담을 안게 될 수 있다. 우리는 특정 시점이 지나기 무섭게 고장률이 대폭 높아지는 예시를 방금 접했기 때문에, 정말 이런 일이 생길 수도 있다는 걸 이제는 이해한다.

이번에는 같은 물펌프를 대상으로 내구성이 더 좋아지도록 η 척도모수를 좀 전의 12,639에서 15,000으로 임의로 바꾸어 보자. 아래와 같이 누적생존확률 그래프가 우측으로 이동한다.

가동시간 (Hour)	누적 고장 확률 F(t)	누적 생존 확률R(t) η 척도모수 12,639	누적 고장 확률 F(t)	누적 생존 확률R(t) η 척도모수 15,000
1,000	0.0%	100.0%	0.0%	100.0%
2,000	0.0%	100.0%	0.0%	100.0%
3,000	0.1%	99.9%	0.0%	100.0%
4,000	0.3%	99.7%	0.1%	99.9%
5,000	1.0%	99.0%	0.4%	99.6%
6,000	2.5%	97.5%	1.1%	98.9%
7,000	5.2%	94.8%	2.3%	97.7%
8,000	9.9%	90.1%	4.3%	95.7%
9,000	17.0%	83.0%	7.7%	92.3%
10,000	26.9%	73.1%	12.6%	87.4%
11,000	39.5%	60.5%	19.4%	80.6%
11,069	40.4%	59.6%	19.9%	80.1%
12,000	53.8%	46.2%	28.2%	71.8%
13,000	68.3%	31.7%	38.9%	61.1%
14,000	81.0%	19.0%	50.9%	49.1%
15,000	90.3%	9.7%	63.2%	36.8%
16,000	96.0%	4.0%	74.8%	25.2%
17,000	98.7%	1.3%	84.4%	15.6%
18,000	99.7%	0.3%	91.5%	8.5%
19,000	99.9%	0.1%	96.0%	4.0%

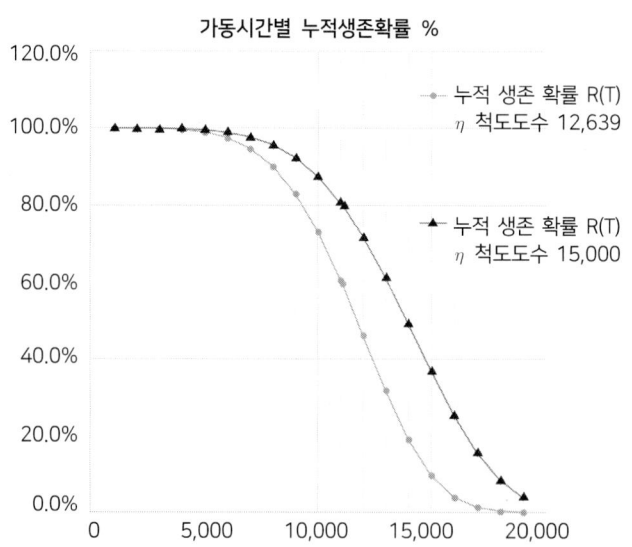

가동시간별 누적생존확률 %

이때는 8,000시간 경과 후 고장률이 4.3%로서 앞서의 경우에 비해 절반도 채 안 되는 고장률을 보이고 있다. 4.3%라는 고장률 자체가 절대적으로는 낮지 않을지 몰라도 적어도 타사 대비 차별화할 수 있는 요인은 될 수 있는 것이다. 이렇듯 고장에 있어 형상모수가 같더라도 척도모수가 달라지면 고장률은 대폭 달라질 수 있다. 형상모수와 척도모수를 알게 되면 다음과 같은 경우에 대한 답을 쉽게 얻을 수 있게 된 것이다.

- 고장률 x를 다르게 설정하는 경우에 내구 수명이 어떻게 바뀔지
- 내구 수명 목표를 변경한다면 이에 상응하는 고장률 x의 값은 어떻게 바뀔지

누적 고장률이 10%쯤 되는 가동시간은 어디일까? 위의 표를 보면 F(t)가 7.7% 에서 12.6% 사이인 지점이 9,000시간에서 10,000 시간쯤 된다. 이와 같이 특정한 누적 고장률이 만들어질 때까지의 수명, 즉 내구성은 BX 수명, BX Life라는 개념으로 부른다. 여기서의 X는 백분률이다. 예를 들어 "B(10) 수명이 얼마냐"고 물으면 F(t)가 10%에 도달하는 시간이 얼마냐는 뜻이므로 "9,000 시간 이상입니다" 라고 대답할 수 있는 것이다.[42] 이 뜻을 달리 설명하면 대략 9,000 시간 정도 가동하면 전체

---

[42] 앞에서 나왔던 수식으로 B(10) 수명을 풀면 다음과 같다. 이 식에 지금까지 예제에서 사용한 β형상모수와, η 척도모수를 입력하면 t = 9,520시간이 나온다.

$$\text{Ln}\left[\ln\left(\frac{1}{1-F(t)}\right)\right] = \beta \ln t - \beta \ln \eta$$

$$\beta \ln t = \ln\left[\ln\left(\frac{1}{1-F(t)}\right)\right] + \beta \ln \eta$$

$$t = e^{\frac{\ln\left[\ln\left(\frac{1}{1-F(t)}\right)\right] + \beta \ln \eta}{\beta}}$$

제품 중 10% 정도는 고장이 났을 수 있지만 나머지 90%는 정상 기능을 유지하고 있다는 것과 같게 된다.

BX 수명의 개념만 알고 있어도, 기계나 자동차 같은 제조 업종에서는 내구성에 대한 이야기가 나올 때 커뮤니케이션이 쉬워진다. 예를 들어 트럭이나 중장비 업종에서는 "신형 엔진 내구성 육성 목표는 B(10) 기준 1,200,000km 입니다. 또는 B(10) 기준 15,000시간 입니다" 와 같은 이야기를 하기 때문입니다.

보증수리비를 산출하는 방법 - 고장형상함수와의 연계

지금까지 내구성 시험 결과를 가지고 고장률과 예상 수명을 추정하는 방법을 소개했다. 여기까지 이렇게 어려운 내용을 찬찬히 읽고 따라온 독자는 정말 훌륭한 분들이다. 이 다음 단계로 보증수리비를 추정하는 방법은 지금까지 다룬 것에 비하면 비교적 쉽다.

예를 들어 보자. 유압펌프, 컨트롤 밸브, 유압모터와 같이 주요 부품 3가지로 이루어진 어떤 제품이 있다고 가정해 보자. 그리고 각 부품의 수명, 부품 가격, 수리 공임 등 관련 정보를 다음과 같이 열거해 보자.

(단위: 원)

순	품목	부품 공장도가	보증수리 책정마진	보증수리 부품가	공임	고장시 보증비용합계
기호		D	E=Dx20%	F=D+E	G	H=F+G
1	펌프	1,800,000	360,000	2,160,000	380,000	2,540,000
2	밸브	1,600,000	320,000	1,920,000	360,000	2,280,000
3	모터	4,400,000	880,000	5,280,000	650,000	5,930,000

제조자가 돈을 내는 보증수리이던, 고객이 돈을 내는 일반수리이던 간에 수리비는 부품가에 공임을 더한 금액으로 이루어진다. 제조자의 보증수리의 경우에 제조자가 위탁 수리를 행하는 대리점에게 공임을 지불하는 것은 물론이고, 부품에 대해서도 어느 정도 마진을 보장해 주기 마련이다. 그래서 제조자 입장에서 대리점에 갚을 금액은 대리점 마진이 더해진 보증수리 부품가와 공임이다.

보증비용을 아주 보수적으로 검토한다고 가정해 보자. 이 3가지 부품이 보증기간 이내에 한 번씩이라도 고장 나서 교체 한다고 가정하면, 보증비용은 각 부품의 보증비용 합계인 10,750,000원까지 들것이다.

물건 하나 팔아서 배보다 배꼽이 더 클 수도 있는 이런 식의 셈법이 합리적으로 보이는가? 물론 아니다. 그 이유는 '보수적'이라는 표현이 말로서만 존재하고 실질적인 가능성의 크기에 대해서는 아무것도 보여주질 못하기 때문이다. 하지만 우리는 이제 고장률이라는 개념을 알고 있기 때문에 아래와 같이 표현할 수 있게 되었다.

$$\text{보증수리비의 합} = \sum_{i=1}^{n} (\text{누적고장률}\,F(t) \times \text{보증수리비용}\,i)$$

내구성 시험을 했다면 이 3가지 부품별 형상모수와 척도모수도 이미 파악 했을 것이다. 수식은 늘 이해하기 까다롭기 때문에 아래처럼 엑셀에서 하나씩 기입해 보면서 표를 만들어 보면 이 과정을 이해하기 쉽다. 아래 J와 K라고 기호가 붙은 형상모수와 척도모수는 임의의 숫자를 적어 넣었다. 누적고장률 수식도 사용하기 쉽게 엑셀의 자체 함수를 써 보았다.

(단위: 원)

순	형상모수	척도모수	4,000시간 F(t)	4,000시간 기준 보증비용	6,000시간 F(t)	6,000시간 기준 보증비용
기호	J	K	=WEIBULL.DIST (4000,J,K,TRUE)	=H*L	=WEIBULL.DIST (6000,J,K,TRUE)	=H*N
1	4.1	18,000	0.2%	5,324	1.1%	27,941
2	3.8	16,000	0.5%	11,722	2.4%	54,205
3	4.5	15,000	0.3%	15,465	1.6%	95,239
합계				32,510		177,384

4,000시간을 보증 할 때는 고장률이 가장 큰 것도 0.5%이고 보증비용도 32,510원 정도로 예측되지만, 6,000시간을 보증할 때는 2.4%까지도 고장률이 높아지는 부품이 나왔고 보증비용도 18만원 가까이 예측되었다. 하지만 여기서 중요한 메시지는, '보증기간을 연장하려는 경우에 보증비용이 얼마나 늘어나는지' 를 정량적으로 검토할 수 있게 되었다는 것이다. 만약 여러분의 사업장에서 누군가가 보증기간을 6,000시간으로 늘리자고 하면, "보증기간이 지금 보다 5배 정도 늘어날 가능성이 있다. 그래서 그 만한 비용을 감수할 만한 당위성이 있는지 따져보자" 라고 말할 수 있는 상황이 되었을 것이다.

무상보증 연장 프로그램의 설계

지금까지 고장률에 대한 개념을 토대로 무상보증 프로그램이 가져올 보증비용 증가분을 추정하는 방법을 살펴보았다. 달리 말해 이런 '가격'을 뽑아 낼 수 있게 되었다. 이제 관점을 바꾸어 영업상품으로서의 무상보증 프로그램을 살펴보자. 무상보증 프로그램은 후발주자나 약자가 시장에서 인지도를 높이기 위해 사용하는 경우가 많다. 오히려 시장 선도사의 경우에는 시장 확대 효과보다는, 보증 비용이 늘어날 가능성과 경쟁심화로 인한 영업 마진 감소 우려에 주목하는 경우도 있다. 무상보증 프로그램 적용을 고려해 볼만한 긍정적 요인들이 아래와 같다.

- 자사제품의 품질에 대한 일반의 인식 보다 실제 품질과 내구성이 객관적으로 우수할 때
- 자사제품의 인지도가 낮아서 시장에서 주목 받을 기회가 필요할 때
- 시중에서 통용되는 무상보증조건이 실제 제품의 품질과 내구성에 비해 약할 때 – 보증조건을 강화해도 비용 증가가 크지 않을 것으로 판단되는 경우
- 타사 제품 대비 자사 제품이 성능이나 편의 장치 같은 상품성이 부족하지만 품질에는 자신 있을 때
- 시중 그레이 마켓 grey market 부품이 발달하여 애프터 마켓 매출이 부진할 때 – 특히 보증기간 이후에는 더 이상 순정부품을 쓰지 않는 게 일상화 된 경우
- 고객 저변 자체를 넓히고 중고품 시세를 높일 필요가 있을 때 – 신제품 구입 후 중고로 내놓지 않고 보유하고 있는 기간이 길어지는 효과가 있기 때문에 중고품 시장에 공급되는 물량이 줄어든다. 또한 중고품으로 매물이 나와도 보증기간이 남아 있는 물품의 경우 중고가가 높게 형성될 수밖에 없다.

제품 서비스가 위탁 대리점을 통해 이루어진다면 이들을 위한 고려사항도 별도로 필요하다.

- 일반수리에 비해, 보증수리의 경우 마진이 적은 경우도 많음. 이

경우 대리점이 보증기간 연장에 소극적일 수 있으므로, 이들을 설득하고 이해를 조정하는 노력이 필요함.
- 이전에는 보증기간이 끝나면 더 이상 공식 대리점을 찾지 않던 고객들도 추가적으로 대리점을 찾게 됨. 이 경우 대리점 관점에선 매출과 이익의 총액이 증대할 수 있으나 반대로 서비스 수요가 늘어나 인원 충원 같은 역량 증대가 필요할 수 있음.

어느 업계이던 간에 경쟁 환경 하에서 시간이 흐르다 보면 무상보증조 건은 점차 강화되기 마련이다. 예를 들어 대형트럭 업계라면 1990년대 에 보증조건이 2년 또는 40,000km이던 것이 2000년대 들어 1년 혹은

┃그림 12┃ MAN사 중동지역 보증 연장 프로그램 광고

2년 100,000km 정도가 보편화 되었고 이제는 3년 또는 450,000km를 넘어 5년 무제한 km도 등장하고 있는 형국이다. 이와 같이 무상보증 연장 프로그램은 파격적인 조건을 제시한 순간에는 자사의 차별화된 무기가 되지만 곧이어 타사가 따라오게 되면 차별성은 희석되고 얼마 가지 않아 업계의 표준화가 되어 버리는 점도 감안해야 한다.

무상보증 연장이 피할 수 없는 대세라면, 결국 누가 더 저렴하게 내구성 좋은 제품을 만들 수 있는지가 궁극적인 경쟁력이 된다. 세상에 더 좋은 물건이 나오게 되는 긍정적인 측면도 분명 존재한다. 만약 제품의 내구성이 보증조건을 감내하지 못한다면, 보증 비용은 제품 가격에 반영되어 가격 경쟁력을 약화시키던지, 그게 안되면 그대로 회사의 손실로 반영되어 품질을 돈으로 메우는 결과만 낳기 때문이다.

상품 설계에 대한 고려사항

이미 언급했듯이 무상보증연장 프로그램은 품질과 내구성이 우수함을 적극적으로 알려 고객이 우리 제품에 관심을 갖게 하고 판매를 늘리기 위한 수단이다. 제원과 성능과 달리 내구성은 드러내기 힘들다. 고객이 먼저 알아줘서 입 소문을 내주면 좋겠지만 너무 오래 걸린다. 그래서 품질과 내구성에 대한 명시적인 선언이 무상보증 연장 프로그램이 될 수 있다. 이왕 시행하기로 했다면 홍보를 전 방위로 적극적으로 해서 인지도를 끌어올려야 한다.

무상보증연장 프로그램이 고객에게 주는 가장 큰 효용은 제품 고장 발생시 수리비가 들지 않는다는 위안감이다. 한편 후방에서는 보증 비용을 적정하게 관리하는데 힘을 써야 한다. 의도와 달리 제품의 품질과 내구성만으로 보증 비용을 통제하기 쉽지 않을 수도 있다. 아무리 제품이 좋다고 해도 사용자가 무리하게 쓰거나 제대로 유지 보수를 하지 않으면 망가질 수밖에 없는 것이다. 제품을 험하게 막 써도 된다는 보증수표처럼 도덕적 해이를 불러와도 안 된다. 고객과의 의사소통 확립, 사용자 교육, 정기 점검과 예방 정비 같은 유지보수 대책을 겸비해야 보증 비용을 통제할 수 있게 된다. 이를 위해 몇 가지 고려해 볼 만한 것들을 나열해 보면 아래와 같다.

제품 인도 전 고객에 대한 교육 강화 및 고객의 의무 고지

- 복잡하고 민감한 기능이 많은 유형의 제품일수록 이 부분의 중요성이 커진다. 고장을 일으킬 수 있는 작동 방법에 대한 주의 환기와 더불어 안전하고 경제적인 조작에 대한 시범, 그리고 교관과 고객이 동반하여 작동법을 익히도록 하는 방식이 효과를 발휘할 수 있다.
- 소모품의 경우 공인 대리점을 통해 정시에 정량, 정품으로 교체하고 점검을 받도록 해야 해당 고객도 불이익이 없다는 점을 인지시켜야 한다.

정확한 보증 범위와 내용 고지

- 사고, 천재지변, 고의적인 파손, 타인에 의한 손괴 등에 대한 예외 적용은 물론, 마멸성 소모성 교환품 wear & tear item 같이 보증의 대상이 아닌 항목은 분명히 명기하고 고지하여 오해로 인한 분쟁을 피할 수 있도록 한다.

제품 가동 상태에 대한 진단 장비 및 가동 상태 정보 공유

- 자동차나 건설 중장비의 경우 GPS, OBD 진단장치를 이용한 기기를 통해 가동 상태를 모니터링하고 이를 제조자 혹은 서비스 제공 회사와 공유하는 방식의 의무화를 고려할 수 있다.[43]

유상보증연장 옵션 상품

돈을 내고 옵션 상품으로 보증연장을 구매하는 것이 있다. 이는 소정의 금액을 투자해서 수리비 리스크를 막는 정액제 상품이기도 하다. 해외에는 전자제품, 자동차, 중장비 같은 물품을 대상으로 일정 금액을 내면 보증 기간을 추가로 제공하는 Extended Warranty 상품도 다양하게 나와 있다.[44]

---

43) 정보통신 기술의 발달과 서비스 상품의 고도화 과정에서 이미 이러한 상품이 시장에 나와 있다. 보험사들은 이미 OBD 장치 탑재 및 피보험자의 속도, 가속도, 위치 같은 운전 데이터를 토대로 일정 기준 안에 드는 고객에게 보험료를 할인하는 등의 서비스를 내놓고 있다. 안전 운전 캠페인을 벌이기 위해 보험료를 할인해 주는 것일까? 운전습관과 사고율간 상관관계가 존재하기 때문에 가능한 것이다.
44) 한국에서는 2016년부터 가전제품 보증기간 연장 보험이 출시되기 시작했다.

이러한 상품에는 크게 두 가지 종류가 있다. 특정 제품별로 개별 내구, 신뢰성 데이터를 기반으로 하는 제조자 개발 상품이 있다. 또 다른 하나는 시장에 풀린 다양한 제품의 고장률을 바탕으로 만들어진 보험 기반 상품이 있다. 보험 상품의 경우에는 보험사 입장에서 리스크를 관리하기 위해 예외 규정이나 보상 한도를 정해 놓은 것들이 있다. 예를 들면 아래와 같다.

- 제조자가 자체적으로 보증을 제공해 주는 부분은 중복 보상 제외
- 특정 부품의 반복적인 교체 혹은 수리 횟수 제한 – 이런 경우는 해당 제품이 고질적 품질 결함이 있다고 간주하기 때문임.
- 총 보장 금액의 상한선 설정 capping terms
- 보상 청구시 자기부담금 deductibles
- 청구 절차, 정비 수리 방법을 제한하거나 지정함
- 사용량의 제한 – 예: 승용차의 경우 1년에 주행 가능한 최대 마일리지를 지정

제조자가 개발한 유상 보증연장 프로그램이라도 법규 관련 사항을 확인해 볼 필요가 있을 수 있다. 무상이 아니라 유상으로, 즉 리스크 프리미엄을 고객에게 받는 행위에 대해 보험상품을 판매하는 것으로 간주하는 경우가 있기 때문이다. 또한 이 경우 보험업 허가를 득한 업체를 통해서만 상품을 취급하도록 규제하는 경우가 있으므로, 해외에서 이러한 상품을 파는 경우 해당 국가의 보험 관계법상 규제를 알아볼 필요가 있다.

영국의 예를 들면, 2013년에 한 위성 TV 사업자가 매월 일정 금액을 내면 무제한 횟수 출장, 부품, 공임을 커버하는 Extended Warranty 상품을 판매했다. 이에 대해 금융감독청(FSA, Financial Services Authority)이 무자격자가 보험 상품을 팔고 있다며 소송을 냈다. 항고 끝에 '피보험자가 이미 보험료를 냈고, 제품이 고장 나는 경우에만 교환이나 부품 교체가 이루어진다면 그게 바로 보험상품'이라는 대법원 판단과 함께 Extended Warranty 상품이 해당 금융당국의 감독 규제대상임을 확인받은 바 있다.[45]

대한민국에서도 자동차 완성차 업체나 수입사가 판매하는 보증 연장 서비스 상품이 고객과의 직접 계약이 아닌 제 3자에 해당하는 대리점, 딜러사를 통해 거래가 이루어지고 있다는 점에서 '무자격 모집' 관련 위법성 시비가 있었고, '보험업법 위반 소지가 있다.'는 금융위원회 유권판단도 나온 적이 있었다.[46]

보험상품을 판매하려면 보험업법에 따라 금융위원회 허가를 받은 보험사가 상품을 만들고, 실제로 제품을 파는 대리점이나 딜러사는 단종보험 대리점 자격만 가지고 보험사가 만든 상품을 판매만 할 수 있도록 되어 있다. 다만, 제조사나 수입사가 제공하는 보증 연장 상품은 보험 상품이 아닌 부가서비스로 간주되어 개발과 판매에 있어 허가를 받지

---

45) https://www.supremecourt.uk/cases/uksc-2012-0003.html에 당시 판결문이 나와 있다.
46) 경향비즈 2015년 9월 14일자 기사 "금융당국, 제조사가 직접 안 파는 자동차 보증연장 상품, 허가 받아야"

않아도 된다는 유권해석이 있었다. 하지만 이 역시 국가별로 해석이 다를 수 있다는 점은 유의해야 한다.

5.2 유지 보수 계약 Maintenance Contract Program

"사람 마음도 자동차 고치는 것처럼 고칠 수 있어. 다 뜯어냈다가, 다 검사한 다음에 원래대로 조립하면 돼"

영화 데몰리션에 나오는 대사이다. 사람은 몰라도 기계는 이렇게 뜯으면 어디가 문제 인지 거의 파악할 수 있다. 하지만 시간이 돈인 세상에 살다 보니 뜯거나, 소모품을 갈아주거나 하는 일도 가능한 없어야 환영 받을 수 있다. 그렇다고 해도 기계적인 부품으로 구성된 제품이란 언젠가는 고장 나거나 수명을 다 하기 마련이다. 따라서 관리가 필요하다.

유지 보수 계약은 제품을 운용하는 단계에서, 사용시간이나 사용량에 따라 고장이 날 만한 증상이나 이상징후가 없는지 점검하고, 미리 약정된 소모품이나 부품을 교체해 주는 프로그램이다. 점검 도중 문제가 발견되면 단순한 조정이나 수리는 곧바로 제공하고, 고장으로 발전할 징후가 있는 부분에 대해선 안전과 성능, 비용적인 측면을 고려하여 고객에게 적절한 대책을 제안하는 내용이다.

이 책을 통틀어 가장 만들기 쉬운 영업 솔루션이 유지보수계약이다.

가격을 책정하는 것도 서비스 항목을 고른 다음 각각 원가를 다 더해서 할인율을 적용하면 된다. 상품을 이리도 쉽게 만들 수 있는데, 쉽게 팔 수 있기까지 하면 더할 나위 없는 금상첨화다. 그런데 만드는 것 보다는 잘 파는 게 어려운 게 유지보수계약이다. 고객 입장에서 필요하다고 확신을 못하거나 가치를 못 느낄 고객층도 있을 것이다. 고객이 가치를 체감하게 하려면 두 가지를 줄여주면 된다. 돈 그리고 시간. 둘 다 줄이기 어려우면 하나라도 확실히 줄여도 상품이 될 수 있다. 미안하지만, 돈도 없고 시간도 없는 고객은 유지보수계약의 영업 타깃으로 삼기는 어려울 것이다. 가치를 체감하기 어려운 고객층이기 때문이다.

자동차를 예로 들면, 수십 년 전보다는 확실히 고장이 적고 신뢰성도 높아졌다. 자동차를 가진 사람이라면 고칠 줄은 몰라도 엔진 후드는 열어보기 마련이었다. 하지만 자동차에 전자 회로가 들어가고 구조가 복잡해졌다. 알기도 어려운 것을 따라가려고 애 쓰느니, 자동차 관리는 정비소에 맡기고 자신은 자기 일에 신경 쓰자는 쪽으로 생각도 바뀌어 갔다. 이제는 엔진 후드 열어본 적도 없고, 펑크 난 타이어 교체는 당연히 해본 적 없으며, 정비소에 가는 것도 시간낭비로 여기는 사람들이 많다.

이런 분들에게는 유지보수계약 프로그램의 성격을 시간절약에 초점을 두는 것을 권한다. 정비가 필요한 때가 되면 알아서 고객 집으로 렌터카를 가지고 찾아온 다음, 렌터카는 그대로 두고 정비할 차는 가져가는 것이다. 그리고 고객이 퇴근시에 렌터카를 정비소에 가져다주고 집에 자기차를 타고 돌아가는 것이다. 아니면 정비소에서 집으로 찾아와서 알아서 렌터카를 회수해 가도 좋을 것이다. 물론 이렇게 만든 상품은 비쌀 것이다. 하지만 고객이 어차피 택시비나 휴가를 별도로 내거나 해서 직간접으로 들였을 비용을 가격에 녹여 놓았을 뿐 고객이 다 알아서 한다고 해도 본인이 비용을 안 들이는 것이 아니다. 고객이 인지를 못할 뿐이다. 그런 점을 인식시키는 것이 이러한 프로그램을 파는 첫 번째 과제이다.

하루에도 400km씩 달리는 상용차라면 어떨까? 특정 주행거리마다 점검하거나 교환 할 소모품과 부품 교환주기가 무척 빨리 다가오는 게 느껴질 것이다. 이런 고객층이라면 운전 자체가 생업이니, 차량 유지 보수도 일의 일부분이란 것을 쉽게 인식할 것이다. 그러니 어차피 할 일인데 들이는 시간 자체가 아까운 것 보다는 패키지 상품을 사면 매번 개별적으로 정비소를 찾을 때보다 어떤 할인 혜택이 있는지가 관심사일 것이다.

이러한 서비스 프로그램은 다양한 업종에서 보편화 되어 있다. 공공의 안전과 관련이 있고 전문성이 요구되는 분야는 아예 법제화를 통해 검사를 통해 유지 보수를 강제화 해 놓은 것도 있다. 대표적인 것이 승강기/에스컬레이터이다. 법적 요건이 있고 이로 인한 고정 수요가 있는 만큼 유지 보수 업무만 업으로 삼는 업체도 있다. 업종별로 이런 유지보수 프로그램을 부르는 상품명도 다양하지만, 기본적인 성격은 비슷할 수밖에 없다. 대개 아래와 같은 요소들을 조합하여 만들기 마련이다.

- 점검 inspection, 검사 및 결과 보고 - 출장 혹은 고객사 상주
- 소모품 교환 혹은 보충
- 내, 외부 청소
- 운영 소프트웨어 업데이트(해당 있는 제품의 경우)
- 차후 수리 필요 예상 항목에 대한 진단
- 긴급 현장 지원
- 픽업 및 배송
- 고장 수리
- 원격 진단

물론 이러한 요소를 획일적으로 적용하는 건 아니지만 제품 특성에 따라 적당한 요소를 조합해서 상품 구색을 만들기 마련이다. 건물 속 엘리베이터라면 '저희 정비소로 찾아오세요.' 라던가 '수리 발생시 대체품 제공' 이라는 게 말이 되지 않을 것처럼 말이다. 찾아가는 서비스 위주로 가면 된다.

이 상품도 기본적으로 부품과 공임(인건비)의 두 가지 항목을 기초로 하여 구성된다. 추가 서비스가 있는 경우엔 이 두 가지 항목에 각각의

가격을 더하면 된다.

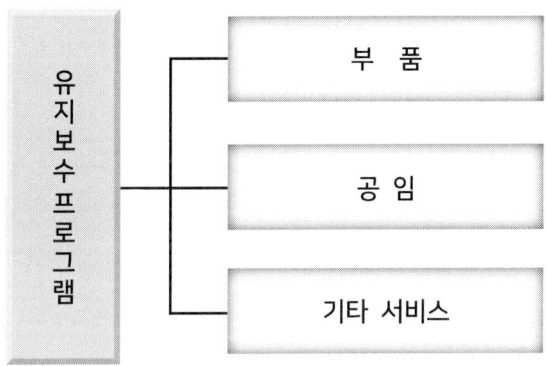

그림 13 유지보수 프로그램의 3요소

그렇다면 그다지 특별할 것 없는 이런 상품이 만들어지는 동기는 무엇이 있을까? 먼저 고객 입장에서 보자.

- 일정 시기나 조건이 되면 서비스를 받으라고 연락이 오기 때문에 관리 시기를 놓칠 걱정을 하지 않아도 된다.
- 여러 가지를 패키지로 묶어 놓고 할인율이 적용되기 때문에 개별적으로 서비스를 받을 때 보다는 저렴하다.
- 정비 이력이 확실하게 관리된다. 그래서 도중에 중고 시장에 내놓게 되더라도 믿을 수 있는 물건이라는 인식을 주므로 빨리 처분하거나 가격을 더 받을 확률이 높다.
- 미리 돈을 냈으므로 향후 부품가격이나 공임이 오르더라도 추가 비용을 낼 필요가 없다.

- 제품 구입시에 함께 사면 목돈이 나가지 않고 할부에 포함시킬 수 있다.

상품을 파는 입장에서는 어떤 효과가 있을까?

- 서비스 시장에서의 고객 이탈을 막는다. 부품과 수리 서비스를 제공할 수 있는 경쟁자는 많다. 하지만 여기서 점검을 받아놓고, 그 자리에서 다른 곳에 수리 예약을 잡을 고객은 많지 않다.
- 제품 판매는 일회성으로 매출과 이익이 발생하지만, 서비스는 신제품 판매보다 비록 금액은 적을 지라도 꾸준히 수입원이 된다. 따라서 서비스 관련 상품은 경기가 나빠 신제품 판매가 부진한 시기라도 판매자와 대리점 모두의 경영 안정화에 기여한다.
- 경영 합리화 측면에서도 도움이 된다. 이러한 서비스 상품을 많이 팔수록, 언제 어떤 부품을 미리 보유하고 있어야 하는지 알기 때문에 재고 비축에 따른 금융비용과 보관비용이 절감된다. 또한 고객 방문을 계획할 때 어떠한 스케줄과 순서로 고객을 찾아 다녀야 할지 알 수 있게 된다. 따라서 인력과 차량 등 자원의 효율적인 배분과 활용이 이루어진다.

5.2.1 예방점검 프로그램 Preventive Maintenance Program

예방점검 프로그램을 만드는 일은 제품별 정비 주기 표에서 시작한다. 각 제품에 대해 사용량이나 시간별로 점검 항목과 보충, 교체할 부품을 표 형식으로 정리하고, 관련된 서비스를 짝을 지어 주는 것이다. 그리고 고객이 좋아할 만한 부가 서비스를 더해 준 다음에 할인율을 적용한다. 이러한 것을 몇 가지 조합으로 만들고 이름을 지어주면 여러 가지 상품을 만들 수 있다. 한 단계 더 들어가서 경쟁력 있는 상품이 되려면, 고객의 제품 사용 패턴과 니즈를 수집하고 이해해야 한다. 고객을 인터뷰하고 관찰하면 자사 제품과 서비스를 좀 더 객관적인 시각에서 바라 볼 수 있다.

예를 들어 어떤 나라에서는 비가 많이 내리는 우기에 작업이 없어서 제품을 사용하지 않다가 비가 그친 후 작업 시작 전의 상황에 맞는 점검을 받고 싶어할 수 있다. 고객들 성향에 따라서도 누군 제품 관리에는 전혀 관심이 없을 수도 있고, 반대로 다른 이는 뜯어보고 닦고 조이는걸 즐길 수도 있다. "나는 다 귀찮으니 댁이 알아서 해 달라."는 고객층도 있고, "내가 알아서 할 테니, 내가 어려워하는 최소의 것만 도와 달라."는 고객층도 있을 수 있다. 서비스 정책상 절대 양보할 수 없는 것들이 있다면, 그런 건 빼두되 가능한 다양한 고객에게 어필할 수 있는 상품을 맞춤형으로 만드는 것도 좋은 접근 방식이다.

이렇게 서로 다를 수 있는 고객의 니즈를 묶어 본다. 그리고 각각의 묶음에 대해 제공할 솔루션을 열거해 본다. 상품의 구색을 갖추기 위해 여러 가지 패키지를 만들고 싶을 수도 있지만, 상품 가짓수가 너무 많아도 영업일선과 고객에게 혼선을 줄 수 있다. 개별적으로 이름을 지어 붙일 프로그램은 3가지 이하 또는 많아도 5가지 이하로 한정하고, 세부적인 차이는 각 프로그램 안에서 세부 옵션으로 운영하는 것도 좋다.

	상품 요소	레벨1	레벨2	레벨 N
1	점검(Inspection), 검사 및 결과 보고	1년 1회 방문	1년 2회 이상 방문	수시 방문 혹은 상주
2	소모품 교환 혹은 보충	별도 청구	포함	포함
3	내, 외부 청소	별도 청구	포함	포함
4	운영 소프트웨어 업데이트	별도 청구	포함	포함
5	차후 수리 필요 예상 항목에 대한 진단	포함	포함	포함
6	긴급 현장 지원	별도 청구	별도 청구	포함
7 ..N	원격진단	미포함	미포함	포함

이후 단계에서는 상품별로 고객의 지불 의향, 경쟁 상품 책정 가격을 보면서 세부사항을 정리하고 다듬어 가면 기본적인 프로그램의 윤곽을 만들어 낼 수 있다. 가격 외에도 유지보수 서비스 금액의 납입 시기, 주기(예를 들어 연납인지 계약시점에 한 번에 내는지, 할부로 낼 수 있는지)에 따라서도 여러 가지 차이를 만들어 낼 수 있으므로 가장 합리적인 것을 찾아내도록 한다.

시간이라는 조건을 활용해도 패키지 조합을 만들 수 있다. 겨울 내내 방치했던 가정용 에어컨에 대해 봄철 점검 및 필터 교환 이벤트 같은 1회성 상품을 만들 수도 있다. 또한 복사기, 정수기 같이 점검, 교환 내용이 매번 비슷하게 반복적으로 일어난다면 '한 달에 얼마'라는 방식도 좋을 것이다. 반면, 트럭이나 중장비 같이 매 번 방문해도 점검이나 교환 내용이 동일할 수는 없는 경우에는 가능한 계약기간을 1년 단위 이상으로 길게 잡는 게 좋다. 매월 돈을 내는데 어떤 달에는 아무런 서비스도 못 받는 경우가 생긴다면, 고객에게 즐겁지 않은 경험이고 손해 보는 것 같은 기분을 주기 때문이다.

경쟁력 있는 상품화를 위한 준비

프로그램을 만들고 파는 것 말고도 중요한 것이 또 있다. 고객으로선 장기간에 걸친 서비스를 구매한 것이므로, 고객과 회사간 실제 접점이 일어나는 실행 과정의 서비스 만족도가 중요하다. 서비스를 수행하는 직원들의 숙련도와 태도는 물론, 회사의 전후방을 모두 커버하는 조직의 역량과 수준, 준비 태세에 따라 고객의 평가가 완전히 달라질 수도 있다.

작은 예로서, 서비스 기사로부터 제품 점검 결과표를 하나 받았는데, 서류 양식도 대충 만들어 진데다 기재사항도 무성의하게 악필로 표기되어 있다. 한술 더 떠 기름 묻은 결재판에, 기름때 묻은 볼펜을 받으라는 손짓과 함께 '고객님, 여기에 서명해 주십시오!' 라고 하면 결코 좋은 서비스 프로그램이라고 할 수 없을 것이다. 정기적으로 서비스 만족도 조사를 한다면 본 프로그램을 구매한 고객을 대상으로 한 만족도 추이를 확인해야 한다.

경우에 따라서는 자사 실적지표나 비즈니스 모델을 수정하는 노력도 따라야 한다. 예를 들어 제품의 영업과 서비스가 분리되어 있는 조직에서 이런 서비스 상품의 매출이 서비스 부문 실적으로 잡히고, 영업사원에서 별다른 인센티브가 없다면 영업사원이 유지보수 프로그램을 파는데, 적극적으로 나서지 않을 가능성도 있다. 반대로 서비스 기사는 하루에 몇 건을 처리하던 본인 급여 인센티브와 전혀 무관하면 동기유발이 잘 안될 수도 있다. 다른 예를 들어, 제품은 구매 시 할부가 적용되는데, 서비스 프로그램은 제품 구입가와 함께 묶어서 할부가 안되면 구매 동기가 약해질 수도 있다. 영업의 인센티브 구조나 할부 상품 구조도 서비스 프로그램을 고려할 수 있도록 손 볼 필요도 생기는 것이다.

마케팅 기법을 가미하는 것도 고려할 만하다. 사람들은 혜택을 입을 때보다 상실감을 더 크게 느낀다는 점을 활용하여 유지보수 프로그램에 대해 한시적인 추가 할인 이벤트를 벌이는 것이 한 예이다. '회사 창립 20년 기념, 새봄 맞이 워밍업, 혹서기 대비 서머 체크업' 등의 테마나 계절성 요인을 활용하여 한시적 이벤트를 펼치고 "지금이 아니면 이 값에 사실 기회가 없다."고 하면 어떨까? 무엇인가가 곧 없어진다고 하면 손실 회피 성향 때문에 더욱 관심을 갖게 마련이다.

TCO가 낮은 '좋은 제품' 자체도 무척이나 중요하다. 만약 우리 회사 제품이 경쟁사 제품보다 점검 주기나 교체주기가 더 길게 설계 되었다면, 그 만큼 점검이나 부품 교체를 하느라 들어가는 시간과 비용도 낮출 수 있다. 그렇다면 남보다 저렴한 가격으로 유지보수 프로그램을 시판할 수도 있다는 뜻이다. 제품만 놓고 보면 제조원가가 높았지만, 고객의 사용 단계까지 포함해 상품을 만들면 좋은 제품에 투자한 것을 제조자도 누릴 수 있게 된다. 이래서 'TCO가 좋은 제품'은 결국 빛을 발하기 마련이다.

ICT와의 접목

TCO가 낮은 제품은 좋은 제품이고 기초체력이 강한 것이다. 여기서 한 단계 진화하려면 나날이 발전하는 정보 통신을 활용해야 한다. 가장 좋은 점검은 매일 점검하는 것이고, 이 보다 더 좋은 점검은 상시 점검하는 것이다. 이 과정을 사람이 하지 않고 기계가 자체적으로 수행하면 효과는 높고 비용은 내려간다. 제품 각 주요부에 센서를 탑재하고, 이 정보를 정기적으로 모아 제조사와 고객에게 보고하도록 하면 고객의 심리적인 안도감도 오르고 '내가 지금 서비스를 받고 있다(돈 값을 한다).'는 인식도 높아진다. 직원이 제품을 점검하러 다니는 출장의 빈도도 줄일 수 있으니 비용을 아껴서, 그 자체로 또 TCO 절감이 된다. 예로서, 오랜 기간 동안 제 기능을 수행해야 하는 고가의 장비라면 제품 하나에도 수많은 센서를 탑재하고 이를 중앙에서 원격으로 모니터링하며, 제품의 가동현황 데이터를 보물로 삼아야 한다. 서비스 기사가 현장을 방문하면 점검 결과가 본사로 자동 전송 되게끔 하는 것은 물론이다.

5.2.2 유지 보수 계약 Service & Maintenance Program

여기서 말하는 유지보수계약은 지금까지 소개한 무상보증 연장 프로그램과 제품 유지점검 프로그램을 합친 것이다. 이 둘을 하나로 합쳤을 때 생기는 특별한 의미가 있다. 고객은 제조자의 가이드 대로 제품을 쓰기만 하면 되고, 모든 제품 운용상 발생하는 수리비에 관련된 리스크는 서비스 제공자에게로 이전된다는 것을 뜻한다.

TCO요소 중 운용 비용은 사용량에 따라 늘거나 줄 수도 있는 변동비 variable cost의 성격이었다. 그리고 이 변동비 속에는 제품의 관리수준이나 고장률에 따라 달라지는 유지보수 비용도 들어 있다. 그런데 유지보수 프로그램을 통해 고객이 소정의 금액 flat rate 을 낸다는 것은 고객 입장에서의 TCO 항목 중 유지보수 비용이 더 이상 변동비가 아닌 고정비가 된다는 것을 뜻한다. 사실 뜻을 살리려면 변동비라는 말보다는 비용 변동에 대한 리스크가 사라졌고, 그 대가로 고정 금액을 지불했다고 해야 할 것 같다. 이렇게 되면 더 이상 고객은 제품의 유지보수는 신경을 쓰지 않아도 된다. A/S 전체를 외주로 맡긴 것과 같다.

앞 장의 예방 점검 프로그램과 유지 보수 프로그램을 비교하면 아래와 같다(물론 절대적인 것은 아니다).

	상품 요소	예방점검 프로그램	유지보수 프로그램
1	점검 (Inspection), 검사 및 결과 보고	횟수지정	수시 방문 혹은 상주
2	소모품 교환 혹은 보충	포함 혹은 별도	포함
3	내, 외부 청소	포함 혹은 별도	포함
4	운영 소프트웨어 업데이트	포함	포함
5	차후 수리 필요 예상 항목에 대한 진단	포함	포함
6	긴급 현장 지원	포함 혹은 별도	포함
7	원격진단	포함 혹은 별도	포함
8..N	고장 부품 수리	별도	포함

예방점검 프로그램에서는 별도 선택일 수 있던 항목이 유지보수 프로그램에서는 거의 포함되어 있기 마련이다. 서비스 공급자 입장에서는 큰 고장이 나도 정해진 가격 이상 청구할 수 없기 때문에 당연히 예방점검을 철저히 해서 고장을 막을 동기가 충분하기 때문이다. 아울러 표에는 나오지 않지만 고객이 잘못된 조작으로 인해 제품에 무리를 주거나 고장을 일으키지 않도록 제품 교육 프로그램도 마련하여 실행한다.

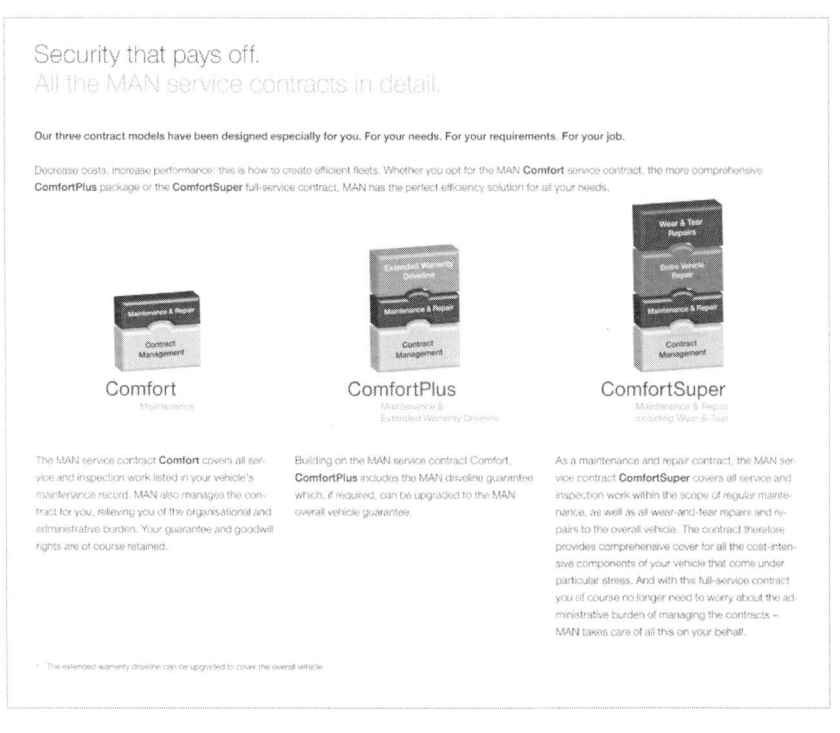

그림 14 MAN 트럭이 유럽에서 판매하는 유지보수 프로그램 상품

프로그램 설계상 고려사항

고객이 받을 서비스 범위에 대해 벌어질 수 있는 분쟁을 피하려면, 사전에 점검 서비스의 내용과 교환, 조정 대상 부품에 대해 목록과 수량(또는 작업량)을 구체적으로 합의하도록 하고, 그 외의 범위는 별도의 비용이 발생 할 수 있다는 점을 계약서를 통해 명시해야 한다. 전반적으로는 다 좋아 보여도 결국 성패는 작은 디테일에 달려 있기 마련이다.

해외 사례를 들자면, 독일의 인쇄기 업체 하이델베르거는 서비스 분야로 진출하면서 고객에게 두 가지 방식 중 택일 할 수 있는 옵션을 제공했다고 한다. 첫 번째는 기술자가 출장 올 때마다 부품과 공임을 내는 것이고(Parts + Labor), 두 번째는 풀 서비스 계약으로 전화상담, 원격 모니터링, 예방 정비 서비스를 받는 것이었다. 그런데 후자의 경우 고객들은 서비스 계약을 위해 낸 돈에 모든 비용이 포함된 것이라 생각하여, 업체가 예상 한 것 보다 더 자주 현장 기술 지원을 요청했고, 출장 방문 횟수가 늘어나게 했다.

결과적으로 풀 서비스 계약으로 인해 손해를 보는 상황이 되었다.[47] 또한 고객의 사유로 정상적인 계약을 수행할 수 없는 조건에 대한 예외 규정도 정해야 하고, 고객의 의무사항도 정해야 한다.

대표적인 것들은 다음과 같다.

---

47) How to Sell Services More Profitably, 2008.5. - Harvard Business Review

- 도난 및 소재 불명, 가압류 등의 법적 조치로 인한 서비스 대상 장비에 접근 불가
- 사고, 화재, 수재로 인한 파손
- 고객의 임의 추가 장착품이나 이것이 원인을 제공하는 고장
- 통상적인 용도 외의 사용(예: 자동차 경주)
- 장비의 해외 반출 등 서비스 가능 지역 명확화
- 사용량 파악에 대한 고객의 협조
  (예: 적산거리계 또는 사용시간표시기 파손 및 연락 두절시 계약 이행 불가 양해)
- 원격 진단, GPS 기능 포함시 해당 기능 활용 및 정보 제공 동의
- 정상적인 연료 및 순정 소모품 사용(예: 차량이나 기계류)

6. 복합형 솔루션

"고객 입장에서 프로세스를 구축하라!" 이 말에 동의하지 않을 기업이 어디 있겠는가? 하지만 개념 이해 여부가 중요한 게 아니라, 실행력에 따라 결과가 크게 다를 수 있다. 영업부서, A/S 부서, 상품개발 부서, 재무부서 따로 있는 데, 잠시 고객 입장에서 생각해 볼 순 있어도 늘 고객 입장이 된다는 게 어디 말처럼 쉽겠는가? 마찬가지로 고객 입장에서는 회사의 부서 구분 따위는 전혀 관심 있을 리가 없다.

정수기를 예로 들면 정수기를 팔고 싶다는 것은 어디까지나 제조자가 희망하는 고객의 모습이고, 고객 입장에서는 정수기 구입은 과정일 뿐 시원하고 깨끗한 물만 싸게 먹을 수 있으면 그만이다. 고객에게 보다 나은 가치를 주기 위해서 또는 생존하기 위해서라도 제품과 서비스를 별개로 구분하는 비즈니스 모델은 제품과 서비스를 통합하는 모델로 바꿀 수 있어야 한다. 요즘 디자인, 기능 나쁘고 비싼 물건이 어디에 있는가? 싸고 좋은 물건에 대한 경쟁은 늘 숨이 막힐 만큼 치열하지만, 세일즈 솔루션을 만드는 길은 아직 열려 있다. 꼭 신제품을 개발하는 일에만 전력하지 않아도 지금 하는 사업을 한 발 뒤에서 폭넓게 보면 기술지원,

부품조달, 정비 및 수리, 중고품 처리 같이 라이프 사이클에 걸친 영역 어딘가에 있는 공백을 찾을 지도 모른다.

예를 들어 프린터의 가격 경쟁이 지나치게 치열해 제품 판매로는 도저히 마진을 낼 수 없는 환경이라고 하자. 그래서 토너와 잉크 같은 소모품의 가격을 올려 제품 판매에서 손해 본 마진을 회수하기로 한다. 소모품 시장에 제조 업종 참여자끼리만 경쟁하면 이 같은 비즈니스 모델도 나쁘지 않다. 하지만 실상은 소모품 가격이 고가로 책정되면서 흔히 얘기하는 비순정 토너, 잉크 재생 업자를 키우는 부작용이 생기고 의도와 다른 결과가 나온다. 고객들 입장에서도 왠지 속은 기분이 든다. 프린터 가격과 토너 가격이 얼마 차이가 안 나는 게 말이 되냐, 토너 가지고 도대체 얼마나 폭리를 취하느냐? 등 불신을 산다. 사실, 토너가 비싼 게 아니라, 프린터 가격이 너무 쌌던 게 옳은 설명이겠지만, 누가 신경이라도 쓴단 말인가? 그래서 이런 상상을 해 본다.

처음부터 프린트 + 토너가 하나의 패키지 상품으로 구성된다. 예를 들어 "공인 기준 농도로 10,000 장 인쇄 하는 경우 1장당 20원에 해당한다."고 광고하는 상품이다. 토너가 떨어지면 가져다주고, 빈 토너는 택배로 받아간다. 이렇게 고객 관점에서 사용량에 따른 가격을 설명하여 고객의 신뢰를 얻었으면, 지금 보다는 좀 더 제조자가 토너, 잉크 시장에서 입지를 강하게 지킬 수 있지 않았을까? 물론 상상이다. 시장 변화를 이끌어 낼 만한 힘이 있어야 할 수 있는 일이다. 패키지 상품 구색도 복잡할 수밖에 없을 것 같다. 단일 상품이라면 출력을 많이 안 하는 가정용 고객에선 손해가 날 것이고, 출력물이 많은 기업 측에서는 "왠 비용이 이리 많이 나오냐?"며 깎아 달라고 할지도 모른다. 결국 고민이 많아지고, 그 결과 상품도 다양해진다.

이번 장에서는 제품과 서비스의 경계가 허물어지는 모습을 사례를 들어 소개하고 고객과 시장에 대한 접근 방식을 달리 볼 기회를 갖고자 한다.

6.1 개런티 프로그램 Guarantee Program

6.1.1 스페어 파츠 납기 보장 Spare parts Guarantee Program

여러분이 운수사업자라고 치자. 차가 고장 났는데 외국에서 부품이 들어오려면 한 달이 걸린 단다. 그럼 내 차는 한 달을 놀리고 돈을 벌어 오지 못하게 되는 건가? 파츠 납기 보장은 고객이 이런 걱정 따위는 하지 말라고 만들어진 상품이다. 상품 구색은 대략 이런 식으로 만들어진다.

- **대상 제품**: 전략적으로 중요하거나 공격적인 시장 진입이 필요한 제품
- **대상 부품**: 장비의 기동에 불가피한 부품

- **부품의 수급 기한 명시:** 예를 들어 부품 주문 후 48시간 내 도착
- **보상:** 약속 기한을 지키지 못할 경우 현물 혹은 현금 지급, 혹은 수리비용 할인

건설기계 분야에서도 마케팅의 일환으로 이보다 오래 전부터 이러한 프로그램을 시행하여 왔다. 예를 들어, 부품물류센터 거리에 따라 24시간 혹은 48시간 내 납기를 보장하고, 지키지 못할 경우 소정의 보상책을 제공하는 식이다. 회사 마다 마케팅 수단으로 활용하기 때문에 보상의 유형은 다르지만 작게는 소정의 할인, 크게는 해당 부품 무상 제공 심지어는 대체 장비 무상 렌털 제공 같은 조건을 걸기도 한다.

| 그림 15 | 볼보건설기계의 부품 납기 보장 프로그램

이런 프로그램을 시행하려면 당연히 물류 체계의 신속성과 정확성 같은 탄탄한 기초가 기본으로 깔려 있어야 한다. 아울러 보상에 대한 고객

의 기대치가 실제 기업이 제공 하려는 것 이상으로 높아지면 자칫 불만과 불신만 높아 질 수도 있다. 그래서 보상이 지급되는 기준은 가능한 쉽고 도 분명하게 이해할 수 있도록 사전에 체계화 시켜 놓아야 한다. 예를 들면 다음과 같은 것들을 약관에 포함시킬 수 있다.

- **대상 제품**: 구입 후 5년 이내 제품
- **시간 산정 기준**: 근무일 기준, 휴일 제외. 오후 3시까지 주문 접수 된 경우 한정
- **대상 부품**: 열거된 특정 부품에 한정

6.1.2 가용률 보장 Availability Guarantee Program

여기서 한 단계 더 나아가면 어떤 보장 프로그램이 나올 수 있을까? 고객들이 뭔가를 보장해 준다는 것에 솔깃할 땐, 예기치 못한 상황이 생기는 불확실성이 싫고, 자신의 본업에만 집중하고 싶다는 것이 된다.

여러분이 버스 여러 대를 가진 운수사업자라고 생각해 보자. 아마 수십 년 경력을 가진 정비사를 고용했을 것이다. 차량 연식에 따라 어떤 부품 이 고장 나는지도 경험으로 알고 있다. 정비창에는 부품 창고도 있어 거의 독립적으로 차량을 유지 보수하고 있다. 고장 원인을 못 찾는 까다 로운 상황이나 부품이 없어서 기다려야 할 때를 빼고 나면, 어지간한 건 현장에서 해결할 수도 있다. 그런데 제조사가 여러분을 찾아와서 유지

보수계약을 팔겠다고 잠깐 얘기 좀 들어 달라면 어떨까? 이 같은 제안이 금방 귀에 안 들어올 수 있다. 못 믿을 이유는 너무 많다. 싼지 비싼지는 차치하고라도 시키는 대로 유지비 들여서 소모품 교환하고 점검 다 했는데, 막상 예상하지 못했던 고장이 나니, 부품이 없거나 결함 원인을 못 찾아서 금방 못 고친다면 어떨까?

이 가상의 버스회사가 차량 정비 사업을 통째로 외주화 하는 게 좋을지 나쁠지는 일단 논외로 하고, 유지보수계약으로 정비 및 소모품 비용에 대해선 돌발상황이 생길 리 없지만, 여전히 고장과 수리 기간에 대한 리스크는 남아 있는 것이다. 이 버스 회사 같으면 노후 된 차량을 비상용으로 가지고 있다가 고장차량 대신에 투입할 것이다. 그게 운행 횟수를 줄이는 거 보다는 낫은 상황일 것이다.

이런 상황에서 유지보수 프로그램이 고객에게 솔깃하게 들리려면 '제품의 가용률 availability' 보장을 상품의 가치로 제시해야 한다. 즉, 돌려 말하면 정지시간 downtime의 상한선을 보장하면 된다. 가용률은 제품 자체만의 가동 효율을 나타내는 지표이다.[48] 우리에겐 가동률 utilization이란 말이 더 익숙하지만, 가동률은 운용 인력의 효율 같은 제품 자체가 아닌

---

[48] 가용률(availability)도 세부적으로 들어가면 몇 가지 종류가 있으나 여기서는

$$가용률 = \frac{가동시간}{(가동시간 + 고장수리로 인한 비가동시간 + 예방정비로 인한 비가동시간)}$$

으로 이해하면 충분하다.

인적, 외적인 측면도 계산식에 포함되어 있다. 그래서 지표 자체로는 가용률을 쓰는 게 낫다.

서비스 공급자는 고객에게 약속했던 가용률을 지키려면 어떻게 해야 할까? 한마디로 멈추어 있는 시간을 줄이면 된다. 그러려면 지금까지 얘기한 예방점검 횟수와 소요시간을 최적화 하는 것 외에도 일단 고장이 발생했다면 빨리 고쳐서 다시 업무에 복귀 시키는 게 능사다. 당연히 부품은 늘 가까이 있어야 하고 수리가 신속해야 한다. 고객이 산간벽지에 있다면 이동 시간도 고려하지 않을 수 없다. 이같이 신속하게 고장에 대응할 능력이 없다면, 다른 방법을 쓰면 된다. 고장 난 제품은 수리를 위해 일단 회수하고, 동시에 대체 사용품을 제공하면 된다. 내게 그 제품이 없으면 어떻게 하냐고? 렌털 제품이라도 빌려다가 고객에게 제공하면 되는 것이다. 물론 이런 경우는 계약 이행을 위해 '돈으로 막는' 상황이기 때문에 가능하면 이런 지출은 줄이고, 내부 역량을 키워서 어디까지나 신속한 수리와 제품의 업무 복귀를 목표로 삼는 게 바람직하다.

가용률을 보장하는 경우 사용 후 경과 시간에 따라 목표치도 조정되어야 한다. 방금 출고장에서 나온 새 버스와 3년 달린 중고 버스의 가용률이 똑같을 수 있다고 생각하는 건 무리다. 그래서 1년차, 2년차, 3년차 이러한 식으로 매년의 가용률 목표를 설정하고 합의하는 게 합리적이다.

이러한 개념은 제품의 특성에 따라 유연하게 적용해야 한다. 장시간 사용해도 마멸되거나 수명이 금방 다하지 않는 제품이라면 고장수리로 인한 비가동시간, 즉 다운타임downtime 만 일정 수준 이하로 보장해 주는 방식으로 프로그램을 만들 수도 있다. 다운타임은 어감이 부정적이니, 이를 업타임uptime으로 바꾸어 업타임 개런티uptime guarantee 프로그램을 만드는 것이다.

앞에서 예를 들었던 버스가 있다고 하자. 고장이 났는데 수리를 받으러 들어왔던 차가 예상치 못했던 문제 때문에 수리기간이 대폭 길어졌다고 가정해 보자. 당연히 고객은 심하게 불만을 제기할 거고 "다시는 당신네 회사 차 사나 봐라!" 고도 할 수 있다. 그러면 판매자가 고객을 달래기 위해 수리비 일부를 깎아 주는 선에서 일종의 수리지연을 보상해 주기도 하는 게 현실이다. 고객의 불만이 해소 되었으니, 잘 마무리 된 걸로 생각하면 될까? 이러한 과정이 고객으로선 "떼쓰고 윽박질러야 뭐라도 얻어낸다." 라고 생각할 빌미를 주기도 한다. 이러한 경험담은 동종업계를 통해 퍼져 나갈 것이며, "거 봐, 난리 쳐야 된다니까."는 인식이 고객을 본의 아니게 '갑'으로, 자신들은 '을' 노릇을 자청하게 만드는 원인일지도 모른다.

수리시간 한도를 고지해 주고, 이를 보장하면 서로의 기대치에 대해 합의하는 과정에 자연스럽게 이를 수 있고, 약속을 지키지 못했을 경우에도 미리 정해 놓은 보상책에 따라 이행하면 되기 때문에 전체적인 과정이

투명해 지고 분쟁소지가 적어지는 효과도 있다. 국내에서도 현대상용차가 이런 내용과 유사한 상품을 내놓은 적이 있다. 정비소에 입고된 특정 차종 트럭에 대해 예상 작업 완료 일을 알려주고, 약속보다 수리가 늦어지면 초과 기간에 대해 10만원부터 150만원까지 보상을 해주는 방식이었다.

┃그림 16┃ 현대상용차의 수리기한 보증프로그램

 업타임을 올리는 효과만 놓고 보면 가장 좋은 건 수리 기간 중 대체 장비를 무상으로 빌려주는 것이다. 하지만 어떤 제품은 이마저도 여의치 않거나 불법 소지가 있는 경우도 있다. 예를 들어 트럭이라면 결국 차량을 구입한 고객이 다시 자신의 고객에게 짐을 받아다가 유상으로 운송서비스를 제공하는 데 쓰일 텐데, 화물운송사업법에는 자가용 화물자동차를 유상 운송서비스용으로 임대차 하는 게 원칙으로 금지되어 있는데다,

단서 조항이라도 활용해서 빌려 주려면 별도로 시도지사 허가를 받아야 하는 불편함이 있다. 하지만 역시 대체 장비라는 아이디어 자체는 강력한 수단이다. 병원의 수술실 의료 기기라고 치자. 현장에서 바로 고칠 수 있는 게 아니면 대체 기기를 투입하고 고장 난 제품은 빼내어 수리하는 게 더 낫다. 반면에 공장의 설비처럼 이동이 불가능하고 붙박이로 고정된 기기류는 이러한 대체품 투입을 적용하지 못할 수도 있다. 따라서 업종별로 제품과 고객의 특성이나 제반 법규를 고려하여 맞춤형 상품을 설계해야 할 것이다.

상품 요소	제품 유형별 예시		비고
	차량, 중장비, 의료기기, 사무기기	산업설비 - 고정식	
보장 대상	최대 비가동 시한 (예: 24시간내) 또는 availability (예: 99%)	좌동	uptime / availability 수치 계산시 목표 가용시간을 명시해야 수치 오해로 인한 분쟁을 줄일 수 있음
조건	유지보수 프로그램 구입고객 대상	좌동	
보장 이행 불가시 보상책	대체 장비 제공 혹은 렌털비용 대납	해당 설비의 가격이나 생산량에 연동된 단위 금액	

6.1.3 연료효율 보증 프로그램 Fuel / Power efficiency Guarantee Program

영업용으로 쓰는 제품은 가동시간이 높은 편이다. 전력이던 유류이던 간에 연료비에 해당하는 비용이 든다. 이해를 돕기 위해 예를 들면, 굴삭기 1대가 시간당 20리터 경유를 소모하고, 하루에 8시간 일한다면 하루의 연료비만 20리터 × 8시간 × 1,500원/리터 = 24만원이다. 그래서 연료효율은 TCO 관점에서도 중요한 요소일 수밖에 없다. 모든 회사가 자사 제품 연비에 대해 이런저런 자체 시험치나 계산 결과를 제시하기도 하지만, 승용차처럼 국가에서 지정한 방식으로 측정하는 공인연비표시 제도가 없으면 객관화하기는 사실 어렵다. 그리고 승용차 구매자도 자기 차가 표시된 연비만큼 잘 나온다고 말하는 사람 별로 못 봤다. 고속도로 많이 달리는 이는 좋다고 하고, 출퇴근길 정체에 시달리는 이는 별로라고 하니, 객관화된 수치도 자기 경험치를 이기기 어려운 것이다.

이러한 주관(혹은 불신)을 활용하는 프로그램이 있다. 제품 모델별 연료효율이 어떤 상황에서 최소 어느 정도라고 공시하고, 실제 사용 후 그보다 나쁘게 나오면 차이 나는 연료량(전기로 치면 실제소요전력)에 비례하여 일정 금액을 보상해 주는 방법이 있다. 이러한 프로그램은 남들보다 앞서 시행하고 광고가 뒷받침 되면 마케팅 효과를 볼 수 있는 장점이 있는 반면, 실제 보상 요구가 발생했을 경우 보상의 금액과 방법을 놓고 해당 고객과 오해로 마찰을 빚을 가능성도 높은 프로그램이다. 가상의 굴삭기 A에 대한 프로그램을 구성한다고 치면 아래 예시와 같이 만들어 볼 수 있다.

- **보증 연료 소모량**: 한 시간 가동시 14리터 이하
- **연료 소모량 확인 방법**: 제조사가 직접 원격 진단장비로 획득한 데이터 확인
- **연료 소모의 보증치 초과시 보상**: 보증치 초과분에 대해 리터당 400원씩 보상
- **보상액 지급 방식**: 유가 증권 또는 자사 제품이나 서비스를 받을 때 현금처럼 쓸 수 있는 쿠폰이나 바우처 voucher 지급
- **연비 보장 기간**: 최초 구입 후 3년 혹은 6천 시간 가동 시간 중 먼저 도래하는 것을 기준으로 하여 종료됨.
- **고객의 의무**: 예방점검 프로그램 가입, 원격 진단장비 설치 및 기기 운전 정보와 위치 정보 전송 및 활용에 대한 동의, 고객의 경제 운전 교육 이수

위에서부터 각각의 내용을 살펴보면, 우선 제품 모델 별로 연비 보증치를 설정해야 한다. 이를 파악하는 방법은 무엇일까? 통계적인 방법(표본조사)과 빅테이터 방식(여기서는 전수조사를 뜻한다) 중에서 가능한 것을 적용하면 된다. 통계적인 방법을 예를 들자면, 시중에 풀린 자사 제품의 실제 연비를 조사해서 모델별, 사용 용도별, 고객 특성별로 분류하는

것이다. 그리고 이러한 특성화된 집단별로 통계치인 평균치와 표준오차를 구하면 믿을 만한 데이터를 만들어 낼 수 있다.

아래의 예를 살펴보자.

- **자사 제품 기종 A**: 정보 제공에 동의한 고객 표본 수 87개
- 누적 연비 측정값의 평균치는 시간당 13.5리터이며 표준 오차는 2.6 이었음.
- **95% 신뢰수준 일 때 연비 상한치**[49]: 시간당 14.0 리터

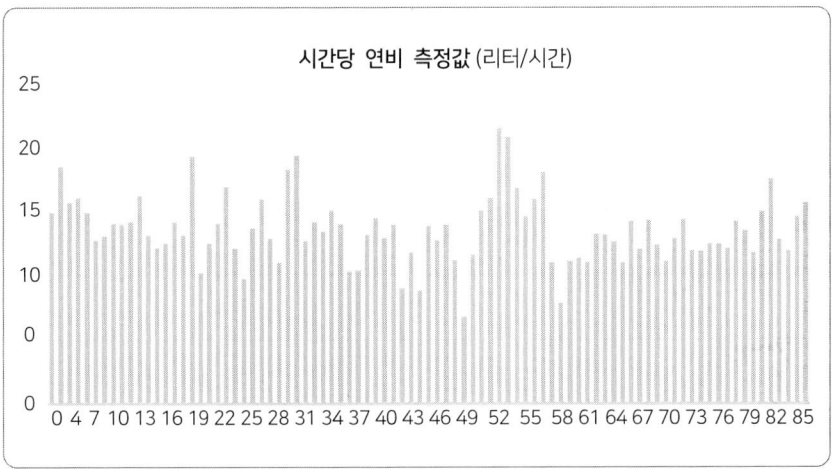

그림 17 표본 조사 연비 측정값의 예

---

49) $\overline{Z} + 1.96 \times \dfrac{s}{\sqrt{n}} = 13.5 \times 1.96 \times \dfrac{2.60}{87} = 14.04$ 같이 계산했다. 공식은 통계교재나 인터넷 검색을 해도 쉽게 찾을 수 있다.

즉, A라는 제품의 연비가 표본의 평균은 시간당 13.5리터였지만, 광고할 때는 약간 보수적으로 시간당 14리터라고 적었다 치자. 그렇다면 통계적으로는 실제로 이보다 나쁘게 나와서 보상을 해줘야 할 확률이 2.5%라는 뜻이 된다. 왜냐하면 95% 신뢰수준이므로 실제로 표본 중에서도 연비의 신뢰구간인 시간당 12.0~14.0 리터 사이에 모집단(전국에 팔린 전체 고객)의 평균이 걸쳐 있을 경우가 95% 라고 볼 수 있고, 13.0 리터보다 더 좋게 나오거나 14.0 리터 보다 더 나쁘게 나올 확률이 5% 라고 봐도 큰 문제는 없기 때문이다. 다만 연비가 좋게 나오는 것이야 좋은 일이니 문제가 되지 않고, 보증치보다 나쁘게 나오는 것만 보상을 해 줘야 하는 상황이 된다.

그 다음으로 연료 소모량 확인 방법을 규정해야 한다. 외부인이 임의로 수치를 고칠 수 있는 기술적인 취약점이나 가능성이 있다면, 이러한 프로그램을 시행하지 말아야 한다. 연료 소모량을 계측하고 있고, 이 정보가 제조사로 계속 유입될 수 있는 원격진단 장비와 데이터 분석 능력을 확보하는 것이 선결조건이 되어야 한다.

실제 연료 소모량이 보증치를 넘는 것으로 밝혀지면 약속한 보상을 지급해 주는 것도 중요하고, 이 제품의 연료 소모가 왜 많은지도 파악해야 한다. 같은 제품도 부하가 많이 걸리거나 사용 방법이 잘못 되었다면 연료 소모가 많기 마련이다. 냉장고에 더운 음식을 가득 넣고, 문을 열었다 닫았다 하면 전력소모가 많을 수밖에 없는 것과 같다. 따라서 보상을 지급하는 조건으로 제품 사용 방법에 대한 컨설팅 프로그램과 제품 운용 교육도 받도록 제도를 구비해 놓을 필요가 있다.

회계적으로는 충당금을 세워 놓고, 보상액의 상한선을 마련하여 예측하지 못했던 과도한 손실을 막아야 한다. 예를 들어, 보장치가 시간당 14리터라도, 최대한 시간당 18리터까지, 즉, 4리터 차이 나는 부분만 보장한다는 식의 상한선을 세우는 것이다. 그리고 프로그램의 보증 내용도 사용조건에 따라 차등해야 한다. 만약 사용자가 엔진 힘을 많이 내는 소위 'power mode' 라는 것만 쓰고 아주 거친 작업 현장에서만 일한다면, 똑같이 시간당 14리터를 보증해 줄 수 없을 것이다.

약속한 보상액은 확실히 지급하되, 현물로 제공 할 수 있다. 제품의 정비 같은 서비스를 받을 수 있는 소정 금액의 쿠폰을 제공하면, 해당 보상으로 인한 지출이 다시 회사 내부로 유입되어 애프터 마켓after market 부문의 영업도 활성화되는 효과도 있다.

예를 들어, 특정 제품의 연비를 6개월간 모니터 했더니, 그간 제품 사용 시간은 1,000시간이었고, 이 기간 평균 연비가 시간당 16리터로 측정되었다면, 보증치 14리터와의 차이인 시간당 2리터에 1,000시간을 곱하고, 여기에 다시 보상액 리터당 400원을 곱해 8십만원 상당의 소모품 교환이나 정비에 쓸 수 있는 쿠폰을 지급하는 식으로 운영할 수 있다. 실제 이와 같은 프로그램들이 운영되는 사례가 있다. 북미지역의 건설기계 업체 중에는 "Get paid if your equipment exceeds burn rate(약정치보다 기름을 더 먹는다면 보상해 드립니다.)"과 같은 광고를 제시하기도 한다.

|그림 18| Caterpillar사의 연비효율 보증 프로그램 광고

이러한 연비 보증 프로그램은 유효 기간이나 사용량 한도를 지정해야 한다. 아무래도 연료효율은 기계가 길이 들 때까지는 서서히 좋아지다가 연식이 오래되면 다시 나빠지기 때문이다. 그리고 너무나 당연한 것이지만, 약속한 연비가 안 나왔다는 이유로 제품의 환불을 받아주거나 끊임없는 클레임을 감내하고 받아주는 게 아니라 보상의 방법과 조건은 연료효율 보증 프로그램에 제시되고, 고객이 이에 대해 이해하고 동의한 부분에

대한 것으로 한정된다는 것도 명확히 하는 게 좋다. 또한 연료를 특정한 기준치보다 더 소모했다는 것이 무조건 고객에게 손해를 끼쳤다는 것으로 성급하게 결론을 내면 안 된다. 제품의 가치는 비용을 줄이는 것만이 아니라, 필요할 때는 일을 많이 해주는 것에서도 나오기 때문이다. 예를 들어, 이 제품 A가 기름을 많이 먹었지만, 그만큼 호황기에 이 고객이 일을 많이 해서 수입이 늘었다면, 이는 제품 연비가 나쁜 게 아니라, 기계를 풀 가동 한 것으로 보고 별도의 지표를 활용해서 단서 조항을 만들어야 할 것이다. 여기서의 별도 지표란 엔진이 얼마나 힘을 썼고(엔진부하율 %), 한 시간 동안 제품이 실제 얼마나 일을 했고(아이들링 타임 %), 같은 것들을 연비데이터와 조합하는 것을 말한다.

6.1.4 총 가치보장 프로그램 Productivity & TCO Guarantee Program

밥값을 제대로 하는지 보장하는 프로그램이다. 적게 먹고 많이 일하면 밥값을 잘 하는 것이다. 가장 어렵고 가장 높은 수준의 전문성과 실력을 요하는 프로그램이다. 또한 제품이 좋다는 것만으로는 해결 할 수 없는 수많은 변수와 고객마다 다른 사정을 고려할 수 있어야 한다. 그래서 사전에 고객의 상황을 마치 내 사업인 것처럼 컨설팅 할 수 있는 실력이 필요하고, 실제로 뒷 단계에서 현장을 지원할 수 있는 능력이 확고하게 갖추어져 있어야 만들 수 있는 고난이도 프로그램이다. 이 프로그램은 가치를 약속한다.

$$\text{가치} = \frac{\text{해내는 일의 양}}{\text{총 소요 비용(TCO)}}$$

'해내는 일의 양'이나 '총 소요 비용(TCO)'는 기준점을 통일시켜야 측정을 정확하게 할 수 있다. 즉, 해내는 일의 양도 매시간당으로, 총 소요 비용도 매시간당으로 측정하는 것이다. 즉 가치를 아래와 같이 구하는 것이다.

$$\text{가치} = \frac{\frac{\text{일의 총량}}{\text{총가동시간}}}{\frac{\text{총 소요 비용(TCO)}}{\text{총가동시간}}}$$

상황에 맞게 역수를 취해도 된다. 예를 들어, 화물차라면 1톤의 짐을 1km를 나르는 데 드는 비용이 적은 게 좋은 차다. 즉, 가치 지표가 아래와 같이 설계될 수도 있다.

$$\frac{1}{\text{가치}} = \frac{\text{Cost}}{\text{Ton} \cdot \text{km}}$$

굴삭기라면 똑같이 한 시간 가동해서 흙은 더 많이 퍼낼 수 있지만, 비용은 적게 드는 게 좋은 장비일 것이다.

$$\frac{1}{\text{가치}} = \frac{\text{Cost}}{\text{Ton} \cdot \text{Hour}}$$

버스 운수회사에 비교하자면, 차량에 대한 모든 걸 통째로 외주화 시킨 것과 다르지 않다. 차를 살 필요도 없고, 정비에 신경 쓸 필요도 없다. 뭐가 되었던 간에 계약된 돈을 내면, 약속된 대수의 차가 운행 가능한 상태로 유지되는 것이다. 이런 상품은 실제로 광업 분야에서 존재한다.

고객이 광산주이고 광산 운영에 투입할 장비를 컨설팅 하는 상황을 가정해 보자. 광산업은 자본이 많이 들어가는 물류업으로도 볼 수 있다. 광물이 있는 곳을 탐사해서 부지를 매입하고, 각종 중장비들이 움직일 수 있게 길을 만드는 등의 토목 공사도 필요하다. 원석을 캐내어 전용 설비까지 운반 할 수 있을 만큼의 크기로 쪼갠다. 필요한 만큼 더 쪼개어 정련, 제련 설비가 있는 곳으로 보내는 것이다. 고가의 중장비가 투입되는 것은 물론, 광산주로서는 투자금을 빨리 회수해야 할 것이고, 그러기 위해선 24시간 연중무휴로 광산을 운영하면 될 것이다. 그런데 이 업계는 똑같은 양을 생산 해도 '1톤당 얼마 또는 1 온스당 얼마' 하는 식으로 정해지는 국제시세에 따라 매출이 달라진다. 자신의 매출이 '1톤 당 금액'으로 측정된다면, 자신의 생산원가도 '1톤당 금액'으로 파악해야 손익 계산이 수월하다.

어떤 이가 광산 장비를 팔기 위해 이렇게 말한다고 가정하자. "장비 가격이 정가는 30만 달러인데, 기본 할인 10%에 지금 결정하시면 추가 10% 디스카운트 드릴 수 있습니다." 이러한 세일즈 스피치는 고객 관점에서 중요한 '1톤당 원가'라는 핵심 구매 요소가 빠져 있다. 이 광산주 입장에선 10% 할인 받는 거 보다는 연료만 넣어주면 고장 없이 24시간 365일 돌아가길 원할 것이다. 만일 고장이 나도 얼른 고쳐서 일터로 돌아가야 할 것이다. 장비마다 각자의 역할이 있다 보니, 하나가 고장 나면 다른 장비도 같이 쉬게 될 것이고, 그 사이에 생산량의 손실은 고스란히 매출 손실로 이어지기 때문이다. 그렇다고 고가의 장비를 여분을 더 사 두는 투자를 하려고도 않을 것이다. 그래서 제품만 좋게 만드는 능력으로는 이러한 고객에게 영업하기 어렵다.

결국 고객 입맛에 맞는 경쟁자가 나타나서 이렇게 말한다. "초기 투자할 자금도 모자랄 텐데, 장비 구입에 목돈을 쓸 필요 없습니다. 일 하면서 갚을 수 있게 상품을 만들어 드리겠습니다. 장비가 멈추면 일하면서 돈을 갚는데 지장이 생기니, 장비 가용률을 80% 이상 보장해 드립니다. 이를 보장하기 위해 정비나 수리도 제가 다 해드리겠습니다. A구역 목표 채굴량이 연간 1,000만톤인데, A제품으로도 1년 8,760 시간 중에서 80% 가용률을 기준으로 7,000시간 일하면 소화할 수 있습니다. 금액은 연간 1,000,000 달러를 매월 분할하여 주시면 됩니다." 이제 이 광산주는 A라는 제품이 주는 가치를 쉽게 계산할 수 있게 되었다. 1,000만톤 나누기 1,000,000달러 = 10톤 / 1달러가 나왔다. "1달러를 쓰면 10톤을 퍼 나르는 기계"라고.

고장 안 나려고 장비에 무리가 안 가게 하는 방법이 하나 있다. 엄청나게 용량이 큰 것을 투입해서 일을 가볍게 하면 된다. 하지만 용량 큰 제품은 구입가를 올릴 것이므로 경쟁력이 없다. 그리고 아무리 물건이 좋아도 현장에서 운전기사가 잘못 사용하면 얼마든지 고장은 날 수도 있다. 더욱이 수리에 필요한 기기나 부품이 없어도 생산성에 큰 차질을 줄 수 있으니, 결국 종합적인 실력이 뛰어나야 한다.

이 같은 계약은 고객으로 하여금 자본비용과 운용비용에 대한 리스크를 없애 주는 상품이다. 운영 비용에 더해 제품의 가용률도 보장하기 때문이다. 내야 할 금액은 제품이 얼마만큼 일을 하는지에 따져서 매겨지기 때문에 성과 중심의 계약 performance based contract 이라고 부를 수 있다. 어떻게 보면, "제품을 험하게 쓸 지 이미 알면서 제공하는 렌털"이다.

판매자가 가격 경쟁에 빠져 자칫 지나치게 저가격을 제공하면 손해를 크게 볼 수도 있는 구조다. 당연히 사는 사람, 파는 사람 모두 철저히 분석하고 정확한 데이터를 마련해야 하기 때문에 아래와 같이 사전 조사가 중요할 수밖에 없는 구조가 된다.

프로그램의 구조

그림 19   총 가치보장 프로그램 설계 절차

사전 협의 단계

고객의 니즈를 파악하고 공급사와 고객사간 상호 협의를 통해 서로의 기본적인 목표를 합치해 놓는 단계이다. 이러한 가치보장형 프로그램은 설계하는 것만으로도 많은 노력이 필요하기 때문에 상호신뢰와 전문성은 기본으로 마련되어야 한다. 당연히 맞춤형 상품이 된다. 고객이 원하는 것이 어떤 것인지 허심탄회하게 함께 논의하고, 의견도 제시하여 밑그림을 함께 그려야 한다.

현장조사

'답이 현장에 있다'는 말은 뻔하지만, 그냥 뻔하다고 하기엔 너무나 맞다. 남에게 뭔가를 보장하려면 내 것을 알고 남의 것도 알아야 한다. 내 것이라 함은 내 제품의 성능, 내구성(또는 고장율), 정비나 수리 관련 자료일 것이고, 남의 것은 주로 이 제품이 일할 현장의 제반 여건이다. 생산성은 목표 생산량으로 정의할 수 있을 것이다. 혹은 합의하기에 따라서 장비의 가용성availability 같은 지표를 쓸 수도 있을 것이다. 이것을 달성하는데, 지장을 줄 수 있는 현장 상황은 5m 단위로도 다를 수 있다. 예를 들어, 장비를 정비할 현장은 접근성이 좋은지, 작업 환경은 깨끗하고 조명이 밝은지, 날씨에 따라 작업 현장 진입이 어려운 날이 있는지 같은 환경적인 요소도 있고, 작업 인원의 숙련도, 제품의 이해수준, 보건의료, 적극성 같은 인적 요소도 있을 것이다. 이러한 것을 조사할 때는 결과를 정량화할 수 있는 형태로 미리 조사 항목을 정의해 놓으면 될 것이다.

- 환경 측면(작업 환경 및 지원/ 조달 환경)
- 인적 측면

작업현장 조사서

		스코어
1. 작업로		
1.1 기본형태		
	영구 사용 가능	8
	준 영구형	6
	임시형	4
1.2 경사도		
	경사도 10% 이하	8
	경사도 10% 이상 구간 존재	6
	경사도 15% 이상 구간 존재	4
1.3 평탄도		
	최고 60km/h 안정적 주행 가능	8
	최고 50km/h 안정적 주행 가능	6
	최고 40km/h 안정적 주행 가능	4
	최고 40km/h 이하 구간 존재	2
1.4 시계성		
	장비 최고속도 1/2 이하 감속시 제동, 선회등 대응 가능	8
	장비 최고속도 1/4 이하 감속시 제동, 선회등 대응 가능	6
	장비 최고속도 1/10 이하 감속시 제동, 선회등 대응 가능	4
1.5 노폭		
	장비 전폭 2.5배 이상	8
	장비 전폭 2.0배 이상	6
	장비 전폭 2.0배 이하	4
1.5 배수로		
	……	

장비의 성능이나 안전에 무리를 주는 요인을 알아내는 것 정도는 당연히 해야 한다. 이왕이면 고객사에 가치를 높일 제안도 해야 한다. 예를 들어, "이곳 작업로는 패인 곳이 없도록 해야 장비 가동 속도가 높아진다. 이 길은 너무 커브가 급하니, 토목공사를 해서 길을 새로 내자. 지금은 돈이 얼마 들지만, 결국 얼마가 절약된다." 같은 제안을 내는 것이다.

아래와 같은 식으로 환경조사가 정리될 수 있을 것이다.

작업현장 평가		스코어		
1. 작업현장	가중치	작업장1	작업장 n	종합
1.1 경사도	5	8	4	
1.2 평탄도	5	8	8	
1.3 시계성	2	4	6	
1.4 노폭	2	6	4	
……		……		
2. 인적자원		6		
2.1 운전자숙련도	5	8		
2.2 교육 수용성	3	6		
2.3 대체 인력	2	4		
……		……		
3. 정비환경		7		
2.1 피트 시설	5	8		
2.2 바닥 구조	5	6		
2.3 리프팅 설비	5	6		
……		……		
합계	100	421	398	

이렇게 조사하고 점수화한 내용은 제품의 목표 수리 주기를 결정하는 데 사용한다. 사용환경이 거칠다면 주요 부품의 수명이 짧아질 것으로 보는 게 당연하다. 숫자로 모든 결과가 나와야 하니, 과정에서도 모든 것은 숫자로 만들어져야 하고, 환경 조사 내용에 따라 부품의 수명이 몇 %나 짧아질 것이라고 숫자로 판단 내지는 예측해야 한다. 사용환경이 거칠고 나쁘다면 점검, 교체 주기를 앞당기고, 반대라면 표준 교체주기를 사용하거나 되려 늘려줄 수도 있을 것이다. 현장 조사 점수에 따라 얼마만큼 부품 점검, 교체주기를 줄이거나 늘릴지는 대조표를 만들어서 관리할 수 있다.

현장조사 결과 표준 교체주기보다 15%를 짧게 교체주기를 잡아야 한다면, 계약기간 동안 부품의 교체 필요 횟수를 늘려서 잡아야 한다. 그런데 교체주기 15% 짧다는 게 비용이 15% 늘어나는 것으로 끝나지 않을 수 있다.

다음에 나온 표를 예로 들어보자.

몇 년에 걸쳐 누적 32,000 시간을 가동하려는 기계가 있다. 부품 수명을 봐선 도중에 엔진을 새 걸로 한번 교체해 줘야 원활히 사용할 수 있고, 이 때 예상하는 교체주기는 18,000시간이다. 그런데 현장조사 결과를 보니, 가혹한 사용조건으로 판명되어 교체 필요 주기를 15% 정도 앞당겨 15,300시간마다 엔진을 교체해야 할 것으로 판단되었다.

원래의 표준교체주기만 놓고 보면 도중에 엔진을 한 번만 바꾸어 주면 될 것을 사용 환경 때문에 15,300시간 마다 즉, 2번을 바꾸어 주어야 한다는 결과가 나오는 것이다. 숫자만 놓고 따지면, 3번째로 교체한 새 엔진은 15,300시간 곱하기 2 = 30,600시간에서 교체했을 것이고, 이후 이 3번째 엔진을 1,400시간만 쓰고 버리는 결과가 나온다. 설마 누가 이런 식으로 계획을 짜겠냐 만 그만큼 제대로 된 현장 조사와 검토, 그리고 경험이 중요하다는 말이 된다. 이로 인해 1시간당 장비 관련 장비 비용도 대폭 상승하게 된다.

다음 표를 예를 들어서 표준 교체주기를 기준으로 할 때 장비 한 시간 가동시 6,658원을 쓰게 될 것을, 가혹조건으로 인해 15% 앞당기면 9,856원을 써야 하는 결과가 나오는 것이다.

목표가동시간

32000

Group	품번	품명	수량	표준교체주기 (시간)	교체시 정가 (천원)	작업현장 조정계수	조정교체주기 (시간)	교체횟수		목표시간 기준 총액(천원)		1시간당 환산 금액(원)	
								표준	조정	표준	조정	표준	조정
엔진	8134200020	엔진어셈블리	1	18000	59000	-15%	15,300	1	2	59000	1E+05	1844	3688
	...	엔진오버홀키트	1	6000	9600	-15%	5,100	5	6	48000	57600	1500	1800
		터보차저	1	9000	4900	-15%	7,650	3	4	14700	19600	459	613
		인젝터	1	9000	4100	-15%	7,650	3	4	12300	16400	384	513
		스타터	1	6000	1130	-15%	5,100	5	6	5650	6780	177	212
		얼터네이터	1	6000	1280	-15%	5,100	5	6	6400	7680	200	240
	...												
유압기기	7234132400	메인펌프	1	9000	8890	-15%	7,650	3	4	26670	35560	833	1111
	...	레귤레이터	1	9000	8540	-15%	7,650	3	4	25620	34160	801	1068
		스윙모터	1	9000	1500	-15%	7,650	3	4	4500	6000	141	188
		트레블모터	2	9000	3400	-15%	7,650	3	4	10200	13600	319	425
합계										2E+05	3E+05	6658	9856

6. 복합형 솔루션

결국 아래와 같은 검토 결과가 나올 것이다.
- 환경 조사 보고서 – 안전, 효율, 효과성 측면 개선필요 사항
- 제품 구성품별 교체주기 증감 검토결과
- 공사 필요 내역, 필요 시설 및 장비 내역
- 주요관리 목표 항목 key performance indicator 수정안
- 현장 운영 직원의 숙련도 및 향후 교육 필요 사항

사람에 대한 것을 숫자로 판단하긴 어렵지만, 제품을 실제 사용할 작업자도 교육을 시키고, 올바른 작업 방식을 습득하게 해서 고장을 일으킬 수 있는 상황을 피하도록 한다. 일단 고장이 나면, 제품 문제인지 조작상의 잘못인지 구분하기 어렵고, 구분한다 해도 상호간 원인에 대한 합의가 쉽지 않을 수 있기 때문이다. 물론 그만큼 낭비요소가 많아지니, 프로그램의 견적가도 올라갈 것이다.

핵심지표 선정

현장 조사도 끝났고, 개선이 필요한 것에 대해 검토도 끝났다. 어떤 개선 제안은 반영된 것도 있고, 금전이나 시간적인 제약 때문에 반영하지 못할 수도 있었을 것이다. 덤프 트럭이 다닐 길을 닦아주지도 않으면서 생산성을 높인다고 시속 60km로 다니라고 할 수는 없을 것이다. 좋은 장비도 주변환경과 여건이 받쳐 주어야 제 성능을 발휘한다. 그러면 당연

히 공급 업자 입장에서는 목표 생산량을 줄이려 할 것이고, 이는 고객사와 검토 내용을 함께 토론하고 협상해서 조정하는 단계로 넘어갈 것이다.

상품설계

상품설계는 한 마디로 "무엇을 어떻게 할 것이고, 어떤 조건으로 얼마를 받고 싶다."를 제안서로 만드는 일이다. 이 단계에서 갑자기 제안서를 새로 만든다기보다는 이미 상호 협의하고 공동으로 현장을 조사하고 분석했던 것들을 다듬고 체계적으로 문서로 정리하는 것이다.

얼마를 받는다는 내용이 역시나 관건일 것이다. 고객이 얻을 가치는 제안서에 '생산성' 위주로 잘 나와 있을 테니, 견적을 구성한다면 가격 책정은 원가 기준으로 얼마간 마진을 붙이는 가격 산정이 될 가능성이 높다. 고객도 이러한 서비스를 직접 수행했을 때의 비용과 수고를 기준으로 상품의 경쟁력을 판단할 것이기 때문이다. 그렇다면 결국 이러한 비용은 변동비와 고정비의 합이 될 것이다.

- **변동비**: 부품 + 공임 + 기타 비용
- **고정비**: 투자 설비 감가상각, 인건비

비용은 초반에는 덜 들다가 점차 비용이 높아질 경우가 많다. 장비가 점차 낡아가기 때문이다. 제조사 입장에서야 부품의 교환주기를 가능한 길게 만들고 부품마다 교체주기도 서로 일치 되게끔 노력하지만, 어느 정도는 부품마다 교체주기도 다르고 가격도 모두 다르기 마련이다. 그래서 장기간의 계약이라면 일정한 단위로 쪼개어 돈이 적게 들 때는 비교적 낮은 금액을 청구하고, 반대로 많이 들어가는 시기에 높은 금액을 청구하는 식의 합리화도 고려할 수 있다.

예를 들어, 고가 부품 교체가 포함되는 시기에는 청구가격이 높아지는 것이다. 결국 견적 작성을 위해선 아래와 같이 예상 비용에 대한 코스트 테이블cost table 을 만들게 된다.

견적 상세 명세 (단위:천원)							
고객명			현장명				
장비 제조사			장비 모델				
대수			목표가동시간				

연차	1	2	3	4	5	6	합
목표가동시간 (해당년도)	~5,500	~11,000	~16,500	~22,000	~27,500	~33,000	
1. 부품	……						
1.1 정기점검 소모품							
1.1.1 A	……						
1.1.2 ……							
1.2 예방수리							
1.2.1.1 A	……						
1.2.1.2 ……	……						
1.3 우발고장 대비 충당금							
1.4 ……	……						
2. 공임	……						
3. 지원시설 운영							
3.1 투자 감가상각	……						
3.2 비용	……						
4. 외주 항목							
4.1 ……	……						
5. 합계	128,926	203,619	290,637	205,486	181,774	181,774	1,192,215
해당연도 시간당 평균 금액 (천원)	23.4	37.0	52.8	37.4	33.0	33.0	37.3

실제 계약을 이행하는 과정에서 경험에서 나온 노하우와 더불어 구체적이고, 명문화된 관리계획이 있어야 체계적으로 관리할 수 있는 기준이 마련된다.

예를 들어, 아래 항목은 그냥 제목에서 끝나는 게 아니라, 각각 주제에 맞는 구체적인 계획을 육하원칙에 따라 마련해 놓아야 한다.

- 제품 사용량에 따른 향후 부품 소요 내역 산출 및 주문, 입고 관리
- 제품에서 떼어낸 탈거 부품의 보관, 수리 및 처리
- 운전자 교육 계획 및 콘텐츠, 교육 효과 평가 및 역량 향상 모니터링
- 제품별 상태 모니터링, 점검 방안(체크리스트 및 플로차트)
- 제품 각각의 정비 일정 계획
- 현장 관리자 배치 계획

정말 관리가 잘 된다는 것은 어떤 업무 절차 하나가 엄청나게 복잡한 화살표가 가득히 들어 있는 것 보다는 실상 작지만 다양하게 생길 수 있는 일들을 간단하더라고 잘 규정해 놓는 것을 뜻하는 경우가 많다는 것을 생각해 보는 것도 좋다.

6.2 통합형 프로그램의 Pay-by-performance Program 사례

고객에게 자기에게 필요한 것에 돈을 내고 싶을 뿐이다. 제품과 서비스를 구분 하는 것은 어디까지나 공급자의 시각일 뿐, 고객에게 주는 가치는 아니다. 이 책에서 제안하는 게 라이프 사이클 코스트 개념을 통해 제조원가, 판매가격의 관점을 넘어 고객의 관점에서 총 비용을 줄여주고 총 편익을 높여주자는 것이다. 이미 앞에서 제조업의 서비스화 servicitization 개념을 소개한 것과 일맥상통하는 개념이다.

이 책에서 얘기하는 TCO를 활용한 솔루션을 만들어 낸다면, 서비스화 단계로 이미 들어간 것이다. 고객에게 보다 나은 가치를 제공한다는게, 말은 당연하지만 막연하다. 아이디어가 모자라거나 기술적인 솔루션이 어려워서 또는 조직 내부의 몰이해나 반대에 직면할 수도 있다. 그래서 제품을 만들고, 팔고, 서비스를 제공하는 전체 과정이 전사 각부에 통합적으로 흘러야 한다. 최고경영자가 직접 관리하는 별도의 횡단면 조직 cross functional team이 대안이 될 수 있다. 이미 자사의 한계를 넘어 비즈니스를 고객의 관점으로 옮겨 놓은 선두주자들이 있다. 이번 장에서는 제품과 서비스의 경계를 적극적으로 먼저 허물고 고객에게 가까이 다가간 노력을 선 보인 사례를 소개한다.

6.2.1 롤스로이스 Rolls-Royce 사례[50] - Pay by mile 콘셉트의 선구자

롤스로이스 그룹은 영국에 기반을 두고 항공, 방위, 에너지 사업을 영위하는 업체이다. 제조업이 기반이지만 성공적으로 서비스 상품(MRO: Maintenance, Repair, Overhaul)을 개발한 모범사례로서 여러 매체에서 회자되고 있다.

항공기에 탑재되는 제트 엔진 속 부품은 1만여 개라고 한다. 엔진 수명은 25년 정도이고, 대략 5년마다 탈거하여 오버홀 overhaul 과정을 거친다. 오버홀은 앞서 '총 가치보장 프로그램'에서 제품 수명을 늘리기 위해 분해하고 주요 부품을 교체하는 사례를 예로 들었던 것과 같은 개념이다. 항공기 엔진 하나를 완전히 오버홀 하려면 비용은 수백만 달러가 들고, 몇 번 하다보면 유지, 보수에 든 돈이 초기 구입가에 필적하기 마련이다. 항공사로서는 정비 시설 기반이 갖추어 있지 않거나, 제휴관계가 없는 공항에서 엔진을 수리할 일이 생기는 일을 꺼릴 수밖에 없다. 굳이 수리하려면 엔진을 탈거해서 외부로 보내야 한다. 비용도 문제지만 여러 부품회사가 나누어 조달하는 부품이 가용한지에 따라서 수리 기간과 항공기 운항 스케줄에도 차이가 생기게 된다.

---

50) Totalcare ®와 관련된 롤스로이스 웹 사이트 자료를 주로 참고함.

1990년대만 해도 대형 항공사들은 엔진 정비, 수리 인프라를 갖추느라 투자했는데, 경쟁 심화에 따라 그런 식의 중복 투자에 대해 부담을 느낄 수밖에 없었다. 비슷한 시기에 롤스로이스도 자사의 비즈니스 모델을 개선해야 하는 전략적 과제를 안고 있었다.

가장 큰 문제는 신제품 개발에 들어가는 막대한 자본에 비해 현금창출이 적었다는 것이다. 그리고 서비스 부문이 돈을 벌어오려면 엔진 수리를 많이 하게끔 유도하면 되지만, 사실 이게 고객의 이익과는 반대 방향이었다.

따라서 새로운 전략은 애프터마켓 after market 사업을 좀 더 효과적으로 다듬기로 하되, 고객에게도 이익이 될 수 있는 방향으로 가기로 했다. 그리고 변화의 기회가 왔다. 1999년에 주요 고객사인 아메리칸 에어라인이 777 기종 엔진 50여기를 주문했다. 그리고 롤스로이스에 정비, 수리 및 오버홀에 관련된 업무를 위탁하고 싶어 했다. 롤스로이스 입장에선 오버홀 1회당 얼마라는 식의 방식을 벗어나 비행 시간당 가격 $/ flying hour를 시험해 볼 기회였다. 물론 모험이기도 했다. 엔진이 살아있는 대략 20년간 어쩌다 간헐적으로 발생하던 애프터마켓 수입이 실제 엔진 가동 시간에 매겨지는 단가로 바뀌는 것이었다. 무엇보다도 엔진의 보유 기간 발생하는 리스크가 고객이 아닌 제조사에게로 넘어가는 비즈니스 모델의 변화를 뜻하는 것이기도 했다.

이런 과정을 통해 만들어진 상품이 토탈케어 totalcare 이다. 토탈케어는 지금까지 살펴 본 운용단계 서비스 솔루션이 그러하듯 기본구성과 부가 서비스의 조합으로 만들어져 있다. 기본구성에는 주기점검, 수리, 장비 상태 모니터링 같이 상대적으로 단순한 것들이 들어가 있고, 부가 서비스에는 기술적 사항 이력관리, 엔진 배송, 오버홀 범위에 대한 옵션이 들어 있다. 이렇게 여러 가지 옵션을 엮어 다양하게 상품화 한 결과, 서로 다른 고객이 생각하는 여러 가지 유형의 니즈를 커버할 수 있게 되었다.

TCO 향상을 위한 제품 향상

엔진의 개발 목표는 늘 연비 향상과 더불어 내구성 향상이었다. 이러한 내구성 기술 발전에 따라 정비용이나 수리용 부품의 수요도 바뀌어 갔다. 1980년대 초만해도 제트 엔진은 8년 동안 원래 엔진 가격의 8배에 달하는 부품을 필요로 했다. 그러나 1990년대의 엔진은 8년이 아니라 25년을 써야 이 정도 금액의 부품을 쓰도록 개선되었다. 고객에게 가치를 준 만큼 자사의 부품 사업에는 해가 되는 것이었지만, 그렇다고 자신의 수입을 유지하기 위해 고객으로 하여금 계속 돈을 쓰게 만들 수는 없었다. 설사 그렇게 하고 싶다 해도 어차피 그 돈이 자기에게 흘러든다고 확신할 수도 없는 노릇이었다. 애프터마켓 시장 경쟁의 관점에서 진정한 경쟁자는 타 제조사가 아니라 고객과 그레이마켓 grey market 으로 통칭되는 독립적인 부품 및 서비스 업체이기 때문이다.

실시간 진단을 가능케 하는 ICT 정보 기술의 이용

토탈 케어 상품도 진화했다. 1세대 이후 차세대 토탈 케어는 계획에 없던 정비나 수리를 없애겠다는, 즉 우발적 비가동시간 unscheduled downtime 을 없애겠다는 목표를 가지고 수많은 센서를 통해 엔진 상태를 실시간 모니터링 하는 것이다. 이것이 어떤 효과가 있는지 드러나는 사건이 있었다. 싱가폴에서 뉴욕으로 향하던 비행기가 낙뢰를 맞았다. 그리고 롤스로이스의 서비스팀은 자체 모니터링실에서 엔진 가동 상태를 원격으로 확인하고 나서 계속 운항이 가능하다는 진단을 내렸다. 이로서 회항이나 불시착 같은 운항 차질이 벌어졌을 경우 발생할 손해를 막을 수 있었다. 그리고 향후 비슷한 경우에도 이러한 방식을 적용할 수 있다는 경험을 쌓게 되었다. 이것이 가능 하려면, 각종 데이터를 수집하고 해석하는 능력, 즉 데이터 리터러시 data literacy 를 대폭 향상시켜야 한다. 이 회사에선 프로세스에서 매년 6천만 킬로바이트의 엔진 모니터링 데이터가 새로 만들어진다. 데이터 덕에 더 좋은 엔진을 개발하는데 도움을 얻었고, 엔진에 문제가 생길 것을 사전에 예측하여 예방 조치를 할 수 있는 능력을 증진시켰다.

고객과의 관계 형성 및 트레이닝과의 연계

부가적인 효과로서 고객과의 관계 유지에도 도움이 되었다. 데이터와 노하우를 결합하여 고객도 자사의 비즈니스 모델과 연계시켜 비용 발생을 정확하게 예측하고 관리할 수 있게 되었다. 고객의 소리 청취 voice of customer 는 보편적으로 행해지는 것이지만, 데이터를 접목하여 보다 생생하고 객관화된 의견을 나눌 수 있게 된 것이다. 사용자의 숙련도와 운전 습관도 제품의 수명에 중요하게 작용한다. 항공기 엔진도 파일럿의 추력 작동 습관에 따라 연료소모는 물론 엔진 수명도 영향을 받는다. 따라서 고객사로서는 자사 직원인 파일럿들이 엔진 사용 습관도 엔진 수명 향상에 도움이 되는 쪽으로 엔진 사용 습관을 유도할 동기가 있었고, 롤스로이스는 엔진 성능과 수명에 대한 방대한 자료를 가지고 있기 때문에 항공사 및 파일럿을 대상으로 조종 방식에 대한 조언을 주는 Flight Operations Advisor 제도를 운영하게 되었다. 이 결과로 항공사의 연료 절감 효과도 나타났다. 고객사와 상호 의존성이 높아지자 조직 내부적으로 고객에 대한 이해가 넓고 깊게 뻗어나갔다.

상품구성과 판매는 고객전담 팀이 담당한다. 판매는 제품과 서비스가 뒷받침 되어야 하지만, 고객과의 친밀한 관계도 판매에 역할을 한다. 그리고 친밀한 관계는 고객이 자신의 본업에 집중할 수 있게 도움을 줄 때 만들어진다. 토탈케어는 단독으로도 판매하지만, 신품 판매와 더불어 패키지로 이루어진다. 고객의 니즈를 정확히 반영하기 위해 컨설팅을 거치므로 판매 과정도 비교적 오랜 시간이 걸린다. 또한 토탈케어를 구매하는 고객의 니즈가 조금씩 다르다는 것도 접근방식을 다르게 가져 갈 이유가 된다.

예를 들어 LCC 항공사의 경우 고정자산 투자를 꺼리므로 이런 외주화 방식에 대체적으로 긍정적이다. 반면에 기존 대형 항공사는 이미 서비스에 대한 투자를 이미 해 놓은 경우가 많아 원가절감 가능성이 있을지 모색하기 위해 토탈케어를 알아보는 경우가 많다. 토탈케어를 판매하는 과정 그 자체에서 롤로로이스가 얻은 것은 이윤만이 아니라, 고객과 시장에 대한 학습 효과였다. 토탈케어가 적용된 항공기는 평균 45만 달러 정도 중고 잔존가격이 높은 것으로 나타났기 때문에 고객에게도 혜택이 돌아갔다.

회사의 재무상태에도 큰 도움이 되었다. 토탈케어의 과금 형태는 엔진이 가동하는 시간에 연동되어 있다. 따라서 일감이 불규칙하게 생기는 수주업의 취약점에서 벗어날 수 있는 기반이 마련되었다. 늘 일정 수입이 들어오는 형태가 되자 회사의 매출과 비용구조도 보다 안정적으로 변모했다. 동종 업계에서도 재빠르게 벤치마킹 하여 다양한 상품을 만들었다. 엔진 제조사는 물론 항공기 동체 제조사들도 민항기 시장에서 동체 관련 서비스 상품을 만드는 추세이다. 예를 들어, 에어버스사는 Total Support Package라는 상품을 만들었고, 보잉은 골드케어라는 상품을 만들어 동체 유지보수, 물류 서비스를 제공한다.

6.2.2 건설기계 제조사 고마츠 Komatsu 사례 [원격진단의 모범사례]

고마츠는 1920년대 초 지명을 따 창업된 굴삭기 같은 토공기계를 만드는 일본 회사다. 고마츠는 콤트랙스(KOMTRAX)라고 하는 장비 상태 모니터링 기기, 즉 텔레마틱스 telematics 서비스를 주도적으로 선보였고, 이제는 IoT, ICT 등 정보 기술과 기계의 결합 분야에서 종종 회자되고 있을 정도로 알려지기 시작했다. 이 기기의 핵심 내용은 장비에 부착된 GPS로부터 장비의 위치, 가동 시간, 장비의 가동 상태들을 일정한 시간 간격으로 인공위성이나 무선 전화 통신망을 통해 고마츠 본사로 전송하는 것이다.

지금 시대에는 이러한 텔레마틱스 서비스를 제공하지 않으면 뒤처지는 이미지를 줄 정도로 흔한 것이 되었고, 이런 기기를 개발한 게 고마츠가 업계 최초도 아니었지만 표준사양으로 적용한 것은 고마츠가 처음이었다. 그런데 원래 이런 장비가 개발된 배경엔 방범에 대한 동기가 컸다고 한다. 장비를 도둑맞거나, 할부금을 안 내고 야반도주하는 악성 고객이 있었기 때문이다. 그래서 지도에 GPS 점만 찍히는 수준의 서비스라도 있다면 사건 사고가 줄어들어 좋고 부차적으로 보험료나 채권 확보에 들어가는 비용도 줄어드는 효과를 기대했던 것이다. 그래서 고마츠는 콤트랙스를 옵션으로 팔고 서비스 요금(통신료)을 받을 생각이었다. 하지만 장비들이 보내오는 가동 데이터가 회사 경영에도 도움 될 만한 것들이 있으니, 텔레마틱스 서비스 자체가 주는 손익에 연연하지 말고 고객에게 비용을 받지 않아도 되겠다는 발상의 전환이 있었다.[51]

---

51) 니케이 비즈니스 2007년 6월 4일자를 참조함.
경영관리 측면에서도 도움이 되었다. 예를 들어 고마츠는 중국에서의 자사 장비 평균 일일 가동 시간이 줄어드는 것을 보고, 향후 시장이 얼어붙으려는 징조라고 해석했고 이를 실제 생산 계획에 반영했다. 반대로 2006년 중국 정부가 시중의 통화 팽창을 억제하려는 정책을 펼 때 많은 이는 시장이 더 안 좋아질 것으로 생각했지만 고마츠는 평균 가동시간의 증가를 보고 물량을 늘려 결국 제때 공급하지 못한 경쟁사를 제치고 시장점유율을 높였다. 영업채권 회수에도 활용했다. 할부 잔액이 남아 있는 고객의 장비가 꾸준히 일을 하고 있으면 안정된 일감에서 나오는 수입이 있고 할부도 낼 수 있다고 판단할 수 있다. 할부금을 갚지 않거나, 연락을 끊고 잠적하면 원격으로 장비를 멈추게 할 수도 있게 되었다.

국내외에 깔려 있는 장비들이 가동 상태에 대한 정보를 보내 왔고 이 정보는 각 국의 대리점과 장비 소유주들에게도 공유했다. 그랬더니 전에는 생각하지 못했던 여러 가지 활용 방안들이 봇물 터지듯 쏟아졌다. 예를 들어 어떤 장비는 시동만 켜 있고 움직이지는 않았다. 어떤 장비는 엔진 센서에서 이상 신호를 보내왔다. 이런 정보들을 고객에게 일일이 물어봐서 아는 게 아니라 손끝에서 활용하게 되자, 고객이 정비를 요청하기도 전에 대리점이 먼저 고객에게 연락하고 장비 연식이나 상태에 맞는 정비를 권할 수 있게 되었다. 서비스 사업이 '손님 오길 기다리지 않고 일감을 찾아다니게끔' 선도적으로 움직일 수 있게 된 것이다.

| 그림 20 | 미국 광업전시회에 출품된 코마츠 장비

서비스 사업측면에서도 도움이 되는 점은, 예방 점검 프로그램과 같이 '이 제품이 언제쯤 어떤 수리를 받게 될 것'이라는 점을 예측하는 정확도가 높아지는 것이다. 미리 부품을 준비하고, 정비사들의 근무 계획을 짜는 등 업무의 효율이 높아지는 방식으로 낭비가 줄어든다. 고객도 작업과 정비를 위해 쉬는 일정을 계획성 있게 짤 수 있게 된다.

코마츠는 콤트랙스 활용과 TCO 향상을 아래와 같이 연계하고 있다.
- 상시 장비 진단과 이상 징후 파악으로 고장 예방
- 장비 점검 계획 사전 계획 수립을 통한 비가동시간 저감
- 장비 가동 데이터 분석을 통한 생산성 향상 및 연료 소모 저감 컨설팅 지원
- 장비 도난 방지, 연료 도난 감지

꼭 특정 회사나 건설기계가 아니더라도 텔레마틱스(혹은 원격진단)를 고객 입장에서 본다면 TCO 저감과 가동률 최적화에 다음과 같이 활용할 수 있다.
- 장비 가동률 향상
- 작업 경로, 작업 일정 합리화
- 운전자 역량 향상 – 공회전 절감을 통한 연료 절약 등
- 장비 가동시간 감소를 통한 중고제품 가치 향상
- 적정한 타이밍의 정비, 수리를 통한 비가동시간 감소 및 가용률 향상

고객사가 각기 다른 종류의 토공기계 10대를 어떤 건설 현장에 보냈다고 가정하자. 어떤 기계는 특정 공사에만 필요한데, 그 공사가 끝나고 나서도 부지런히 현황을 챙기지 않으면 쓰임이 끝난 장비가 놀고 있는지 모를 수 있다. 하지만 텔레마틱스가 있으면 모니터 화면만 보고 있어도 그 장비가 일하는지 노는지 알 수 있다. 제 때 회수하면 다른 작업 현장에 보내는 식으로 가동률을 올릴 수 있다. 또는 작업 경로나 일정 합리화에도 도움을 받게 된다. 예를 들어, 우리 회사 트럭 수 십대가 전국을 돌아다니고 있는데, 도중에 어느 지역에서 일감이 생겼다고 치면 최적의 실시간 배차가 이루어지고 매출을 올릴 기회가 생기는 것과 같다.

운전자에게 맞춤형 사용법 교육을 하려면, 개인별 특성에 대한 객관적인 데이터가 필요하다. 이런 데이터는 실시간과 누적으로 서버에 쌓이기 때문에 운전자들이 장비특성과 환경에 맞게 작업하는 법을 교육할 수 있는 기초도 마련된다. 엔진 공회전을 줄이고 적정한 힘을 쓰게끔 장비를 사용하면 연료도 아끼고 장비에도 무리가 가지 않는다. 주행이 아니라 작업을 위주로 만들어진 토공기계는 엔진만 켜져 있어도 장비의 시간적 산계 hour meter 가 올라간다. 공회전은 돈 되는 일은 안하고 되려 장비를 낡게 만든다. 앞의 5장에서도 나왔지만 가동시간과 중고차 값은 반비례한다. 쓸데없이 엔진만 안 켜도 돈을 버는 셈이다.

고객은 예방 정비를 통해 고장을 줄일 수 있었고, 고장과 운휴 때문에 생기는 비용과 매출 손해를 줄이는 방향으로도 제품의 가치를 높일 수 있었다. 독자 분들은 이 앞 장에서 "TCO가 같아도 하는 일이 많으면 가치가 높다"고 했던 것을 기억할 것이다. 그리고 이러한 진단기능과 서비스를 받은 장비는 중고시장에서도 유리하게 가격이 형성된다는 게 정설이다.

6.2.3 코웨이coway 사례 - 소비재 렌털 비즈니스 모델 도입의 선구자

코웨이[52]는 정수기 및 공기청정기 생산 설비를 보유한 회사다. 1998년 4월에 렌털 사업을 시작했던 만큼 이미 렌털에서 선두 입지를 굳힌 지 오랜 기간이 지났다. 당시가 IMF 수혈을 받는 경제 위기였던 터라고가 정수기 구입을 망설이는 소비자에게 어필하고, 사후 관리 시장을 잡는 영업 솔루션으로서 렌털을 선택했고, 시장에서 성공했다.

코웨이의 성공 사례는 워낙 잘 알려져 있기 때문에 새로운 건 없다. 대신 TCO 관점에서 고객과 회사의 입장 양쪽에서 사업 모델을 상세히 들여다보면 배울 점이 많다. 그리고 제조업이 렌털이라는 영업 솔루션을 통해 성장을 견인했다는 점에서 이들의 비즈니스 모델을 살펴보는 의미가 있다.

---

52) 2015년에 사명을 웅진코웨이에서 코웨이로 변경했다. 2018년 현재 웅진그룹에서 인수작업 중이다.

코웨이의 영업 솔루션은 3가지로 구분할 수 있다.[53]
- **제품 판매** – 일회성 판매
- **렌털** – 5년 계약
- **멤버십 프로그램** – 렌털 종료 고객이나 일시불 구매 고객용 유지 보수 계약

이 중 대표적인 것이 렌털 사업이다. 고객이 렌털 계약을 맺으면 소정의 등록비와 당월 렌털료를 우선 납부한다. 최소 의무 사용 기간이 정해져 있다. 전에는 1년이었으나, 2016년부터 3년으로 운영하고 있다. 의무 사용 기간 이내에 렌털 계약을 해지하면, 계약을 유지했을 때 지출했을 렌털료의 절반을 10%를 위약금으로 내도록 했다.[54]

소비자 지갑을 여는데 가장 고민이 되었던 것이 초기 구입가격에 대한 저항을 뚫는 방법을 찾아내야 하는 것이었고, 필터 관리 같은 유지 보수 시장을 지켜내는 것이었다. 그리고 필터를 교환하려고 기계를 열고 관리하는 것을 번거로워 하는 소비자 정서가 있었기 때문에 유지 보수 상품을 판매하는데도 유리한 조건이 되었다. 그리고 이 유지보수 서비스의 실행 주체가 될 코디(판매 및 서비스를 수행하는 여성 인력) 조직을 육성했다.

---

53) 2016 코웨이 IR 자료 참고
54) 과거에는 위약금이 잔여 렌털료의 절반이었으나 10%로 줄였다. 2016 1사분기 경영실적 자료에 의하면 해약률은 1% 정도이며, 이로 인한 렌털 자산 폐기 비용은 렌털 전체 매출의 3% 내외이다. 5년간의 렌털 계약이 종료되면 이탈하는 고객은 22% 정도이며 나머지는 유지보수 계약인 멤버십 프로그램이나 신규 렌털 계약으로 갈아타는 것으로 나타났다

렌털 비즈니스 모델

추정손익 계산을 통해 이들의 비즈니스 모델을 살펴 보자. 렌털 사업자 입장에서 정수기를 고객에게 먼저 내어주고 매월 렌털료를 받는 경우에 대한 현금흐름을 살펴보면 아래와 같다.[55]

(단위: 원)

	판매시점	1년	2년	3년	4년	5년
[현금유입]						
렌털등록비	90,909	90,909				
렌털료	32,000	384,000	384,000	339,273	339,273	339,273
소계	122,909	474,909	384,000	339,273	339,273	339,273
(누계)		474,909	858,909	1,198,182	1,537,455	1,876,728
[현금유출]						
제품제조원가	152,536	152,536				
설치수수료	22,408	22,408				
필터 및 부품	124	9,493	23,118	13,258	19,353	13,258
판매수수류	94,000	130,300	3,300			
기타변동비	3,017	32,626	32,948	33,380	33,082	32,995
유지관리 수수료	30,000	30,000	30,000	30,000	30,000	
소계	272,085	377,363	89,366	76,638	82,435	76,253
[현금흐름]	-149,176	97,546	294,634	262,635	256,838	263,020
(누계)		97,546	392,180	654,815	911,653	1,174,673

---

55) 우리투자증권 Company Report – 2014.4.23

처음 렌탈 계약이 이루어지는 시점에서는 소정의 등록비만 받고 제품을 내주어야 하기 때문에 제품원가인 149,176원 만큼 손해다. 하지만 매월 렌탈료 32,000원을 받으면서 계약 후 10개월 만에 현금흐름이 (+)로 바뀌고 1년만 지나도 97,546원만큼 들어온 현금이 더 많아지게 된다. 앞 장의 렌탈 상품에서 설명했던 시간가동률(100%)과 재무가동률(9개월만에 100% 달성) 모두가 매우 훌륭한 상황이 펼쳐지는 것이다. 이렇게 손익분기점이 빨리 도래하는 비결엔 정수기 제조원가가 1년 렌탈료 수입의 절반도 안 된다는 것이 큰 몫을 하고 있다. 코웨이가 제조업체이기 때문에 가능한 것이다. 일반 렌탈 업체라면 시중가가 아닌 대리점가격에 상품을 매입한다고 해도, 아무래도 제조업체보다는 불리한 시작점에 서게 된다.

정수기는 렌탈로 준 것이므로 정수기는 회계적으론 코웨이의 렌탈 자산이고, 회사는 계약 기간 동안 정수기 제조원가를 매년 일정 부분씩 감가상각을 한다. 그러다가 고객이 렌탈 계약을 해지하는 경우에는 해당 자산인 정수기를 일시에 상각 처리한다. 즉, 회계적으로는 잔존가를 0으로 설정한다는 뜻이다. 그리고 이런 물건은 리퍼브 Re-furbish 제품이라 하여 할인된 가격으로 다시 시장에 판매하고 있다.

이번에는 고객 입장에서 렌탈하는 게 나을지 아니면 구매하는 게 좋을지 판단해 보자. 구매해서 5년 보유하는 경우에 대해 TCO를 추정해 보기로 하고 구성요소인 자본비용과 운용비용으로 나누어 본다. 자본비용에는 구매비용 취득가와 설치 비용이 있다. 그리고 운용 비용에서는 필터 구입 비용과 필터 교체의 인건비가 있다. 단, 단순화를 위해 멤버십 프로그램에 가입하여 필터에 대한 서비스를 받는다고 하고 전기료는 무시하자. 그러면 아래와 같은 모습이 된다.

(단위 : 원)

	구매시점	1년	2년	3년	4년	5년
구입가격	1,480,000	1,480,000				
설치비	0	0	(구입가에 포함)			
멤버십 관리비		187,200	187,200	187,200	187,200	187,200
합계	1,480,000	1,667,200	187,200	187,200	187,200	187,200
(누계)		1,667,200	1,854,400	2,041,600	2,228,800	2,416,000

총 비용이 241만원 수준이다. 구매비용이 148만원, 운용비용이 93만원 정도로 구분된다. 그리고 TCO 총액은 렌털 계약을 맺을 때보다 54만원 정도가 더 비싼 것으로 나온다. 회사 입장에서는 고객으로 하여금 구매 대신 렌털을 받도록 유도하는 것이다. 그래도 이 같은 비용을 줄이는 방법이 있을까?

멤버십 서비스를 받지 않고 그레이마켓을 이용한다고 가정하면 어떨까? 1년 분 패키지에 10만원이 안 되는 시중의 호환 필터가 있다. 대신 직접 필터를 2~4개월에 1번씩 교체해야 하고 주문과정과 교체과정에서 시간과 노력을 들이게 된다. 그래도 아낄 수 있는 금액은 1년에 8만원이고, 5년 간 40만원 정도이기 때문에 렌털 계약에 비해 운용비용상 실익이 없다.

이 같은 결과는 제품 판매 가격이 고가로 책정되어 있기 때문으로 봐야 한다. 왜 이렇게 했을까? 나름의 유추를 해 보자면 자사가 경쟁사 대비 경쟁력이 뛰어난 렌털 계약으로 유도하기 위한 것으로 생각해도 큰 무리가 없을 것이다. 또 하나는 렌털에 마진이 너무 높은 것 아니냐는 세간의 시선을 의식한 것일 수도 있다. 이미 시장은 렌털 쪽으로 확고히 기울었으니, 신제품 가격이 경쟁사 보다 비싸 보여도 특별히 매출 구도에 영향을 주지 않는 것이다.

마케팅과 사업 측면의 변모

성장을 거듭하던 코웨이도 2008년에 금융위기 상황에서 다달이 내는 임차료 및 서비스료에 부담을 느낀 고객들이 서비스를 해지하는 사례가 나오자 페이프리payfree 라는 서비스를 도입했다. 신용카드 회사와 OK캐쉬백 사업을 하는 SK마케팅앤컴퍼니를 개입시켜 이들이 고객 대신 서비스 비용을 내는 방식이었다. 고객이 쓰는 신용카드 포인트가 OK캐쉬백 포인트로 쌓이고 나면 이를 SK마케팅앤컴퍼니가 현금화하여 고객 통장에 입금해 주는 방식이 적용되었다. 신용카드 사용 후 마땅히 쓸 곳을 찾지 못해 쌓이거나 휴면화 되던 포인트를 눈에 직접 보이는 이익으로 돌려주는 방식이다.

렌털 사업을 처음 시작했을 당시엔 구매가 부담을 낮춰주는 것을 일차적인 목표로 했지만, 고객층이 렌털의 장점 중 하나인 '번거로운 관리를 대신 해 준다.'는 것에 호응해 주는 것을 보아왔다. 따라서 위생에 대한 불안감에 호소하고 관리의 편의성을 제공할 수 있는 다른 아이템으로 렌털 사업을 넓혀 가고 있다. 침대 매트리스가 그러한 예이다. 매트리스는 구매하고 나면 청소와 관리가 무척 어렵기 때문에, 렌털과 청소, 살균을 결합한 상품이 호응을 얻고 있다.[56]

본 사례 소개는 코웨이를 위주로 했지만, LG전자 역시 렌털 제품의 관리를 전담하는 자회사와 더불어 2009년 렌털 사업에 참여해서 10년 가까이 사업을 지속해 왔다. 그리고 그 결과 의류 스타일러, 빨래 건조기, 정수기, 공기청정기 등 다양한 제품 군에서 매출 증대가 가시화 되고 있다. 두 회사의 차이점 중에 이 책과 관련된 것이라면 LG 전자가 제조자로서의 역량이 더 강하고, 제품의 포트폴리오가 다양한 것이 렌털 사업을 펼칠 때 장점으로 작용할 것이다. 두 회사 모두 오랜 기간 끊임없이 투자하여 전국적인 영업과 관리 인프라를 구축해 왔다는 것은 공통점일 것이다. 앞으로도 이러한 추세는 업계 전반으로 번져나갈 것으로 전망한다.

---

56) 코웨이 2015년 27기 영업보고서

6.2.4 SKF 사례 - 가치와 비용 모두를 설명할 수 있는 체계 구축

SKF는 스웨덴에 본사가 있고 100년 넘는 역사 속에 70여 개 국에 100여개의 생산기지를 갖고 있는 베어링 업체이다. 그간 고품질 베어링을 제조해 왔지만 저가품과의 경쟁이 심화되고 기술상 차별성이 줄어들자 업계 우위를 지키기 위한 고민이 깊어졌다. 중국이 전 세계에서 사분의 일 이상의 점유율을 차지하기 시작한 것이다. 고객은 '아무 탈 없고 수명도 긴 제품'을 원하는 건 맞지만, 이에 더해 '저렴한 비용으로' 얻고 싶어하기 마련이다.

이 회사는 과거 유럽계 경쟁사들과 싸우는 과정에서 과잉 설계를 통해 좋은 제품 만들기에 집중했고, 실제 수명은 보증 기간 보다도 10배가 넘게 나오게 만들었다. 그리고 고객에게도 '제품 수명이 이렇게 좋은데 뭐가 더 필요하냐?'고 설득해 왔다. 하지만 저가품이 밀려들어오는 것을 못 본 척 할 수는 없었다. 모든 고객이 100%가 고품질, 장수명 제품을 원하는 것은 아니었다. 적당한 가격에 적당한 수준의 제품을 찾는 고객은 SKF를 외면하기 시작했다.

그 과정에서 이 회사는 고객의 니즈가 만들어지는 밸류 체인에 집중하기로 했다. 밸류 체인을 안다는 것은 고객의 업이 어디서 돈을 쓰고 만들어 내는지를 안다는 것이다. 그리고 제품 라인업을 늘리는 수평적인 확장과 더불어 가장 자신 있는 본업인 고품질 베어링을 기반으로 하되 여기에 추가로 지식기반 솔루션을 제공하는 업체로 변천해왔다.[57] 이 과정은 거의 30여 년에 걸쳐 이루어졌다. 본업은 베어링 설계와 제조이지만 베어링이 제 성능과 수명을 내려면 실링(기밀), 윤활제, 전자제어, 서비스 같은 주변도 영향을 미친다는 점 때문에 이쪽으로도 진출 영역을 넓혔다. 그 결과, 가동 상태 모니터링, 실링, 윤활 같은 유관 기술을 활용해 베어링 고장이 원인을 줄이기 위한 유지보수 프로그램을 만들었다. 그리고 고객이 원격으로 인터넷을 통해 가동상태를 모니터링 할 수 있도록 했다. 기술자들이 현장에 출장 가보지 않아도 충분히 유지 보수 서비스가 가능한 것이다. 예를 들어, 가동 중 베어링의 진동량에 대한 분석 데이터에서 특이한 경향이 발견되면 기계가 고장 날 가능성이 있다고 보는 식이다.

TCO를 구성하는 요소

SKF의 경우 제품이 단독으로 완제품이 아니라, 다른 장비 제조업체에게 판매되어 풍력 발전기 등 기계를 만드는 부품이다. SKF는 20여 년 전부터 품질을 관리하는 수준을 뛰어넘어 베어링의 수명에 영향을 주는 설계인자를 고려하는 기법을 연구해 왔다. 이러한 설계인자엔 베어링이 어떤 환경에서 사용되는지에 대한 것도 포함되어 있다. SKF가 하는 TCO 저감 활동이 진정성이 있다는 것을 알게 하는 대목이 있다. 자사

---

57) SKF Capital Markets Day 2015

제품인 베어링이 다른 기계 속 부품으로서, 어떤 조건에서 어떤 식으로 고장 나는지를 연구하고, 개선하기 위한 노하우를 꾸준히 축적해 온 것이다. 그 결과로 기밀, 윤활, 진동 분석 같은 인접 분야에서까지 최고 수준의 기술력을 인정받게 되었다. 이러한 노력 덕에 SKF는 자신들이 무엇인가를 제안 하면 고객이 어떤 비용절감을 얻게 되는지 파악하게 되었다. 고객의 기계 수명이 늘어나면서 고객사의 생산성도 좋아졌다. 작은 차이 같아도 베어링이 최적의 위치에 설치되는 것만으로도 마찰이 줄어 에너지 비용도 절감되었다. 올바른 설치 방법에 대한 교육을 시행하는 것만으로도 고객사와 자사의 비용이 절감되었다.

TCO와 영업 활동의 접목

"Real world savings - and we can prove it!"

SKF의 TCO 계산 소프트웨어 브로셔에 나오는 첫 문장이다. 여기서 중요한 단어는 real world와 prove이다. SKF는 19,000개 이상의 사업장에서 수집한 자료를 근거로 자체적인 "SKF Documented Solutions Program" 이라는 소프트웨어를 만들었다. 영업사원들에겐 SKF의 제품과 서비스를 썼을 때의 비용 절감액을 예측해서 고객에게 제시할 수 있도록 했다. SKF Documented Solutions는 인터넷에서 구동되는 소프트웨어로서 다양한 기계 종류에 대해 자사 제품이 적용되었을 때의 예상 비용 효과를 계산해 낸다. 파트너 관계를 가진 고객들이 이를 활용해서 TCO 관련된 에너지, 윤활제, 재고 비용, 보증수리 비용, 인력, 장비 수명, 같은 250여개 항목을 보여준다.

자료를 많이 모아 왔기 때문에 SKF는 특정한 경우에서도 비교적 정확하고 빠르게 금전적인 효과를 계산할 수 있는 수준에 올랐다. 영업팀이 고객을 만났을 때 이렇게 수치 자료를 제시할 수 있기 때문에, '우리 제품이 좀 비싼 건 맞는데, 이런 투자 가치가 있으니 가격을 보지 말고 가치를 보라!"는 세일즈 툴 sales tool로서의 역할도 겸하는 것이다. 잘 만들어진 세일즈 툴은 그 존재 자체로 영업인을 더욱 똑똑하고 신뢰성 있는 파트너로 변모시켜 주기도 한다. 이는 오랜 기간 고객의 업에 대한 구체적인 지식, 자료를 파악해 왔기 때문에 자신감을 갖고 고객에게 보여줄 수 있고, 고객도 신뢰를 느낄 수 있는 것이다. 계산 자료가 순전히 이론치였다면 이정도 단계까지 오르지도 못했을 것이다. 또한 기업 문화 자체가 단기간에 성과를 내지 못한다고 비판하는 문화였어도 일관되게 자료를 축적해 가는 일을 해 내지 못했을 것이다.

솔루션 지원 체계 구축

SKF가 고객에 대한 종합 솔루션을 제공하기 위해 추진하는 활동을 아래에 열거했다.

- **지식관리 및 전파** – 자사, 유통망, 고객에 대한 신뢰성 정비 기술원 reliability maintenance institute 운영
- **유지보수를 고려한 제품 개발** – 30여 년 전부터 제품 개발에 TCO 개념 도입
- **리빌드rebuild 프로그램 운영** – 운용 중인 제품을 보수하는 방식으로 수명 연장 지원
- **재생부품** remanufacturing / refurbishing **운영** – 잔여 수명 대비 가성비가 높은 부품 수요의 충족
- **컨설팅** – 전담 팀 운영을 통해 고객의 니즈 파악 및 상담 지원

이들은 1차 고객의 TCO 외에도 최종 고객의 TCO 항목까지도 관심 대상으로 삼고 절감 노력을 기울였다는 특이점이 있다. 예를 들어, 발전 사업자인 최종 고객의 TCO 항목 중 베어링이 영향을 주는 것에 대해 아래와 같이 소개하고 있다.[58]

- **에너지 소모 절감** – 용도별 최적의 제품 선정 지원, 운용 중 제품 관리 방법 지원

---

58) The way to drive real sustainable profit to the bottom line, 2010 – SKF

- **설계 비용 저감** – 자사가 보유한 설계용 시뮬레이션 소프트웨어 활용
- **비계획 장비 비가동 시간 downtime 저감** – 가동상태 모니터링 서비스
- **폐기물 감소** – 무보수형 베어링 채택으로 인한 폐 윤활유 배출 감소
- **수리시간 저감** – 정비 기술 지원
- **장비 수리 비용** – 자사의 수리 및 재생 서비스 상품 활용
- **재고 비용 감소** – 자사의 부품 조달 능력 향상을 통해 고객이 향후 필요성에 대비해 미리 부품을 주문할 필요가 없음
- **윤활유 사용량 저감** – 기술지원을 통한 정품, 정량, 적소 작업
- **장비 생산성 향상** – 최적 제품 선정과 정비 시행
- **작업자 인력 효율 향상** – 정비 주기의 정확한 계획 수립 및 사전 예방 정비를 통해 고객사 인력 효율적 배분

신제품 가격 책정의 지원 툴로서의 TCO

다른 사례가 있다. SKF는 농기계에 들어가는 구름 베어링 '애그리 허브'를 개발하던 중, 애플리케이션 및 세일즈 엔지니어를 함께 꾸려 팀을 만들었다. 그리고 농기계 제조업체 5군데를 시범 평가 고객으로 정해서 유력한 경쟁 업체 제품의 성능 및 가격 정책을 알아보려고 했다. SKF는 각 평가 고객사가 만든 시험용 제품을 자사 농지에서 시험했고

일부 우호 고객들에게도 사용 기회를 제공했다.[59]

이 결과로 SKF는 자사 제품이 기능적인 것은 물론이고, 금전적인 가치가 더 높다는 것도 확인할 수 있었다. 그래서 가격을 책정할 때도 경쟁사 제품의 가격에 집착하지 않고 자사 제품의 가치를 수치로 산정했다. 그리고 자사제품 자체 TCO와 더불어 고객 입장에서의 가치를 모두 계량화하고 수치로 환산하여 표현했다.

- 고장율 감소로 인한 생산성 향상 → 가치 향상
- 유지보수 비용 감소 → TCO 저감
- 고객의 관리 시간 및 노력 저감 → 가치 향상

6.3 우리 회사가 TCO를 도입할지 고민일 때

'앞으로 남고 뒤로 밑진다', '싼 게 비지떡이다.'

속담에도 있듯이 우리네 사람들은 이미 TCO를 개념적으로 알고 있었다. 주변인에게 TCO를 얘기하면 단어는 생소해도 개념적으론 금방 알아들을 것이다. 그리고 수면 위의 빙산 그림만 보여줘도 초등학생이 이해할 수 있는 이 TCO를 우리 회사에 얼마나 활용하고 있는지 생각해 보라. 생각보다 막막할 수 있다. 이러한 말도 들을 수 있다. "TCO 그거 나도

---

[59] Why the highest price isn't the best price - MIT Sloan Management Review 2010 Vol.51 No.2

알아. 근데 그걸 어떻게 증명해요?", "한국적인 특수성을 알아야 해. 우리나라에선 말이지 일단 비싸면 안 사요." "일단 싸게 사는 게 내가 관리할 지표죠, 유지 비용은 장비 관리 부서 업무고요."

TCO가 처음엔 솔깃하게 들리지만 실제로 뭔가를 이루려고 하면, 난관이 많다. TCO는 성급하게 도입하고 단기간에 성과를 내려고 해도 도중에 포기하고 실패하기 쉽다. 예측하고 현장에 적용해보고, 틀린 부분은 원인을 분석하고, 이를 다시 예측 모델에 반영하는 과정이 부지런히 반복되어야 하기 때문이다. 처음 예측하면 당연히 실제와 다른 결과치가 나올 가능성이 클 것이다. 이때 "거 봐, 다 이론이야. 그게 맞을 거 같으면 누구나 벌써 다 했겠지." 하는 목소리가 힘을 얻는다면 그 회사는 TCO를 경영에 접목하기 어려운 문화라고 할 수 있다.

여러분 회사로 어떤 잠재 고객이 거래를 트고 싶다며 찾아왔다고 치자. 고객이 TCO 이야기를 하길래 자사 제품이 가장 좋다고 했다. 그렇다면 이 고객이 이렇게 물어볼 수 있겠다. "참 좋네요. 그런데 그걸 증명할 방법이 있나요? 어떤 수치를 보장해 주실 수 있으신가요?" 그러면 아마도 "자체적인 분석 결과입니다."라는 답을 하게 될 것이다.

설문을 해 봐도 마찬가지다. 트럭 차주들에게 차를 살 때 무엇을 중요하게 여기는 지 물어보면 뭐라고들 할까? "구매 가격 보다는 연비와 유지비 포함한 총 비용이 가장 중요하죠"하고 물으면 모두가 그렇다고 응답한다.[60] 그랬던 그 소비자들이 정작 차를 새로 살 때는 주변인 추천, 당장 구입 가능한 재고 물량 여부, 가격과 할부조건, 스펙(사양), 영업사원 친분 같은 점에 끌려 차를 구입한다.

그래서 이왕 TCO를 접목하려면 고객과의 대화 소재 정도로만 쓰는 수준을 넘어 오랫동안 숙성시켜 준비하고 뭔가를 보장해야 할지도 모른다는 비장함을 갖추는 것도 좋겠다. 그렇지 못하면 오늘 그랬듯 내일이 되어도 당장 눈에 보이는 가격과 제품의 사양을 기반으로 영업하게 될 터이다. 그래놓고는 "아직 우리 고객들 수준에선 TCO 같은 걸 얘기하는 건 무리야!" 하고 덮어 버리는 비겁함은 없어야 할 것이다. 실상은 아직 TCO를 제시할 만한 준비가 부족한 게 아니던가?

TCO 전체를 파악할 수 있는 역량이 안 된다면 단 몇 가지라도 차근차근 준비해 가는 것도 좋다. 예를 들어 중고로 팔 때 잔존가 하나라도 제대로 조사를 해 놓는다면, 노력은 많이 들겠지만, 아무 것도 없이 늘 빈손 인 것에 비하면 훨씬 유익하다.
TCO 적용을 위해서 해야 할 일은 다음과 같이 네 가지로 정리 해 보고자 한다.

---

60) 물론 이 경우에는 총 비용이 구매 가격을 포함하고 있으므로 질문 항목이 중복이기는 하다. 하지만 이런 저런 기관에서 했다는 조사 결과를 봐도 이런 설문을 만드는 경우가 많다.

첫째, 기초 데이터를 구축해야 한다.

욕심 같아서야 요술 방망이를 뚝딱하면, '턱' 하고 숫자를 만들어 주면 얼마나 좋겠냐마는, TCO는 검토자들의 뚝심과 성실성이라는 자세와, 조직에서는 시행착오와 오류를 견디어 주는 환경이 담보되어야 한다.

사무용 프린터 복합기를 예로 들면, 토너나 잉크 같은 소모품 외에도, 사용량에 따라 예방정비가 필요한 드럼 같은 부품은 기종별로 예상수명, 소요량, 부품단가, 서비스 작업 소요시간 man.hour, 서비스맨 작업비용 단가 정보를 표로 미리 정리해 놓는 것이다. 이미 앞 장의 유지보수 상품을 만드는 과정에서 본 것들과 다르지 않다. 그런데 의외로 이런 자료를 만들려면 사내에서도 자료를 구하기 어렵거나 정확성을 어떻게 담보할 수 있는지를 우려하는 내부 저항이 클 수도 있다. 자료를 구하기가 어려우면 고객사 협조라도 얻어야 한다. 고객이 돈을 버는 과정에 주목하고 고객을 돕기 위해서다.

유지 보수 같은 서비스 프로그램이 갖추어져 있고, 우리의 서비스를 이용하는 고객이 많아지면 제품의 장단점, 내구 수명에 대해 자연스럽게 정보가 모이는 긍정적 측면도 있다. 잘 관리하고 다듬으면 상품개발에 쓸 수 있는 유용한 정보가 되는 것이다. 고객의 사용기간을 거쳤기 때문에 제품의 가치에 대해서도 보다 분명한 인사이트를 얻을 수 있다. 제품이 가격, 성능, 제원만의 조합이던 수준을 넘어 보다 넓은 시야를 가지게 된다. 아무리 제품 운용단계의 서비스 솔루션이 발달해도 제품 그 자체에는 지속적인 개선 여지가 남아 있고, 이는 TCO 저감을 이끌어낼 다음 번의 대상이 된다. 수명 증대, 기능 향상, 성능 향상, 정비 간소화, 정비 주기 연장, 제품 기능 모니터링 제공 같이 TCO 저감 기술의 상당 부분은 결국 제품에서 완성되는 것이기 때문이다.

둘째, TCO를 사용량이나 시간단위로 바꿔 가며 산출할 수 있도록 한다.

이런 자료가 구축되고 나면 인쇄물 1장 출력비용(같은 농도로 찍는다고 해도)을 1만장 출력 기준, 10만장 출력 기준, 100만장 출력 기준 등으로 자유롭게 기준을 변경하면서 산출 할 수 있게 된다. "10만장 출력하나, 100만장 출력하나, 1장당 비용이 같은 것 아니냐?"고 생각할 수 있겠지만 앞 장에서 TCO의 개념을 공부하신 분들이라면 1장당 비용이라도, 단위에 따라 종이와 잉크만이 아닌 기계 자체의 구입비용, 유지 보수 비용 같은 다양한 요소가 다른 결과치를 내어줄 걸 알고 있다.

이렇게 비용을 '그냥 얼마'가 아니라 특정 단위에 따라 자유롭게 표현할 줄 알게 되면, 일부러 노력을 안 해도 영업의 관점이 자연스럽게 고객에게 옮겨지고, 고객 입장에서 보다 나은 조건이 무엇인지를 찾아보려 노력하게 된다. 즉, 관심이 제품이나 가격 만이 아니라 세일즈 솔루션으로 흘러가게 된다.

셋째, TCO가 전사적으로 업(業)을 수행하는 방식에 녹아들어야 한다.

흔히 부서간 활동에서 나타나기 쉬운 부분적 최적화도 TCO 적용에는 걸림돌이다. 눈에 쉽게 들어오는 게 가격 경쟁이다 보니, 우선 제품이 원가 절감 대상이 되기 마련이다. 그래서 원가절감 목표를 부여하고 실적 달성을 독려한다.

고객의 TCO 절감보다는 제품가를 낮추고 제품 마진 목표를 달성하기 위해 내구성이 떨어지고 유지비가 더 드는 부품을 적용하거나 정비 시간이 더 들어가는 제품 설계 방식을 택할 수도 있는 것이 그 예다. 이런 경우 제품 개발의 목표에서 같은 '비용'이라 하더라도 '원가 절감을 통한 가격 인하' 보다는 'TCO 절감'으로 우선 순위가 분명하게 결정되어 있어야, 모든 조직원이 TCO의 관점으로 일을 할 수 있게 된다. 그래야만 조직력이 합쳐진 제품과 영업솔루션이 고객 입장에서 좋은 가치를 지닐 수 있게 된다.

누구라도 매출 구조를 다변화 하고 비즈니스 모델을 혁신한다고 하면 환영할 것이다. SKF 사례에서 보듯이 TCO에 대한 자료가 구축되고 활용할 수 있게 되면 누가 시키지 않아도 영업 과정에서 중요한 판촉 포인트로 쓰게 된다. 그런데 그렇게 파악한 자사의 TCO가 타사보다 열세라면? 그런 경우 TCO 만 보지 말고 제품의 가치를 결정짓는 다른 요소인 생산성productivity도 함께 보아야 한다. TCO가 열세여도 생산성이 높으면 가치는 더 높을 수 있다. 여기서의 생산성은 '시간당 생산량' 같은 쉽게 정량화되어 숫자로 보일 수 있는 부분은 당연히 포함하고, 안전이나 편의성 향상 같은 항목으로도 자사의 가치를 끌어 올려야 한다는 노력과 전사적인 공감대 확보도 필요하다.

넷째, 고객과의 접점이 이루어지는 과정을 다시 설계해야 한다.

조직구조는 모든 조직의 뼈대이고 의사결정의 흐름을 결정한다. 사내에서 TCO를 기반으로 한 영업 솔루션을 개발해 놓아도 일선 영업에서 고객에게 소개하기를 꺼릴 수도 있다. 일단 복잡하니까 파는 사람들이 이해하기에도 어렵고, 어려운 걸 고객에게 설명하고 납득시키려면 힘들기 때문이다.

심지어는 고객에게 말을 해 보기도 전에 안 되는 이유부터 찾으려고 하거나 고객과의 상담 과정에서 무게 중심이 영업 솔루션 개발팀으로 옮겨가는 경우 일선 영업 기능의 무게감이 덜어질 것을 걱정하여 이들을 은근히 견제하는 일도 생길 수 있다. 하지만 이러한 통합 영업 솔루션을 어필해야 하는 경우에는 이를 개발하는 조직을 영업 과정에 참여시켜야 고객의 니즈를 제대로 읽을 수 있고, 부족한 점에 대해 대비하고 개선할 여지도 생길 수 있다. 영업수당, 인센티브가 주어지는 지표가 여전히 판매 대수, 매출액이라면 쉽게 이러한 목표를 달성하는데 방해되는 귀찮은 솔루션 영업을 외면하게 되는 게 당연하다. 그렇다고 솔루션 영업을 권장한다고 유지 보수 프로그램 판매에서 나오는 인센티브가 다 영업으로만 가게끔 하면 시행 부서인 서비스, 정비부서의 동감을 얻기 어려울 것이다. 그래서 고객과의 접점이 이루어지는 과정을 다시 설계한 다는 것은 업무의 프로세스 못지않게 관리 성과지표의 재설계와 재분배도 함께 해야 하는 것이다.

고객사 내부에서도 비슷한 내부 갈등 상황이 생길 수 있다. 구매 담당자가 가격이나 제원 같은 항목을 가지고 결정을 내리던 방식이 달라질 수도 있다. 다른 많은 변수가 고려사항에 섞여 들어오는 TCO라는 개념이 접목되면 내부적으로 후방에 있는 타 부서들의 의견을 물어야 하는 것 같이 의사결정이 복잡해 질 수 있어서이다. 또한 고객사 내부에서 자체적으로 자산을 유지하고 보수하는 일을 하던 조직이 이미 있다고 하면, 이들 역시 제조자가 제공해 주는 서비스가 달갑지 않을 수 있다. 자신들의 입지가 위험하다고 생각할 수 있기 때문이다.

따라서 고객사를 만날 때도 구매 담당자만 만나는 것보다는, 고객사의 여러 부서가 참여하도록 하는 워크숍이나 설명회의 형식을 통해 고객사가 스스로 가치를 느끼도록 유도하는 게 좋다.

TCO를 잘 이해하고 활용하는지의 여부는 아래의 체크 리스트를 활용해 보면 도움이 되겠다.

- 개별 부서의 입장이나 KPI를 넘어 전사적으로 TCO를 저감하는 활동을 꾸준히 이끌 내부 조직이나 역량이 있다.
- TCO를 여러 가지 상황별로 계산하여 산출할 수 있다.
- 제품이나 서비스 등 고객에게 제공되는 모든 것의 가치를 금액으로 산출할 수 있다.
- 예측한 TCO는 실제 결과와 비교하고, 정합성 향상을 위한 활동 (예: Cost 데이터의 업데이트)을 병행한다.
- TCO 또는 성과, 즉 가치를 기반으로 판매한 제품이나 서비스 상품을 만들어 적용해 볼 의지가 있다.
- 영업의 기회에 대한 정보가 사전에 TCO 관련 상품 개발 담당자에게도 공유되고 협의된다.
- TCO 또는 성과 / 성능의 개념을 적용해 고객사에게 가치를 제공한 성공 사례가 있다.
- 이러한 활동이 단기간에 영업 측면의 성과를 내기 위함이 아니라 몇 년이 걸릴 수도 있는 전사적인 체질을 강화하기 위한 것임을 이해하고 지원한다.
- 기술 인원이 현장을 방문하여 제품 가동을 멈추고 점검하지 않아도 제품의 상태를 모니터링 할 수 있는 IT 기술을 활용할 수 있다.

7. 맺음말

지금까지 TCO를 중심으로 하는 마케팅과 세일즈 솔루션에 대해 얘기했다. 일반 소비자 대상이라면, 고객을 어떤 유형에 따라 나누고 segmentation, 표적 고객 집단에 맞춘 표준화된 상품을 만들지만, 규모가 큰 대형 고객사라면 그 회사의 요구조건을 배려하는 솔루션 영업을 할 수밖에 없다. 당연하지만 솔루션 영업을 하는 방법 중에 TCO를 활용하는 게 유일하지도 않다. 돈이 되는 고객을 잘 가려낸다던가, 고객이 일을 빨리 추진할 수 있게 열심히 신속 지원을 해주거나, 철저한 전문성으로 고객도 몰랐던 것을 짚어 주면서 미래의 방향을 제시해 주는 것이 일단 기본으로 갖추어야 할 능력이다. 다만, 고객을 대응하는 자사 인력의 스킬이나 지식수준에 따라 역량이 일관되지 않을 수도 있다는 것이 어려운 점 중의 하나 일 것이다.

TCO를 기반으로 하는 세일즈 솔루션의 장점은 이 같이 맞춤형 서비스를 제공하는 데 있어 직원 개인의 역량 수준에 그다지 구애를 받지 않고, 상당한 수준까지 표준화 할 수 있다는 것이다. 물론 이게 거저 얻어지는 게 아니라 조직적인 공감과 더불어 상당한 기간 동안 인내심을 갖고 준비해야 이룰 수 있다는 점은 앞에서 여러 번 언급했다. 또한 고객 관계 유지 관점에서 보아도 TCO 기반 솔루션이 영업에 적용되면 숫자 이상의 변화도 따라올 수 있다. 물건 팔 때 만나고는 나중엔 뜸하다가 팔았던 물건이 노후 될 즈음에 "제품 잘 쓰고 계시냐, 언제 한 번 들르겠다."고 연락해 보는 경우를 떠 올려 보자. 고객이 우리 제품과 서비스를 이용하는 과정에 늘 함께 할 수 있는 것만큼 강력한 CRM(고객 관계 관리)이 어디에 있겠는가? 그래서 고객에게 가치를 판매하는 솔루션은 약간의 수업료를 낸다는 각오로 실전에 작게라도 응용해 보는 것도 바람직하다. 넘어지지 않고는 걸을 수도 자전거를 탈 수도 없다.

실력이 쌓이면 더 이상 고객에게 제품을 팔려고 쫓아다니는 게 아니라 고객이 우리의 솔루션을 사도록 하는 마케팅에 한발 더 가까이 다가갈 수 있을 것이다. 장기적이고 일상적인 거래 관계를 맺을 수 있으므로 그 자체가 더할 나위 없는 마케팅 활동이 된다. 이 과정에서 고객과 고객의 사업에 대해 더 많이 배우므로 학습 효과도 얻을 수 있다. 이렇게 **관계를 맺는 고객이 많아질수록 다양한 환경과 사용 조건에서 정보도 축적되기 때문에 비용이나 제품 수명, 고장 예측의 정확도도 높아질 수밖에 없다.**

그래도 일등 스펙 제품 만들기가 무엇보다 우선이라고 생각하는 분들이 있다면 마지막으로 반전 사례[61]를 들고자 한다. 앞서 건설기계 회사

고마츠 사례를 들었지만, 사실 이들이 세계시장에서 1등 하는 건 아니다. 미국 캐터필러사가 1등이다. 이들은 자신들의 비즈니스 모델에서 가장 중요한 것은 영업 파트너이고 고객이라고 한다. 일본 회사는 문화적으로 개발이나 재무 같은 부서보다 영업을 낮게 보기 때문에, 고객에게 밀착하는 상품개발이 어렵다는 것이다(우린 다른가? 하고 생각할 수밖에 없다.). 제품개발에 있어서도 수리용 부품 챙기는 일은 좋은 제품개발 보다 늘 뒷전이라고 하지만, 캐터필러는 고장 가능성에 마음을 열고 수리가 쉽고 저렴하게 그리고 빨리 되도록 제품을 설계한다. 이게 바로 TCO를 생각하는 전사적인 철학이 살아 있다는 사례다.

수익성 제고 관점에서도 하드웨어 공급자를 넘어 솔루션 제공자가 되어야만 하는 이유는 분명하다. 새로운 수익의 원천이 될 문의 빗장이 풀리게 되는 것이다. 내 솔루션을 고객이 받아들인 다는 것은, 고객의 이익이 어느 한 쪽의 이익이 아니라 공동의 이익이라는 것을 고객도 알고 나도 알고 있다는 것이다. '일을 한 만큼 돈을 내면 된다.'는 것만큼 공정한 거래가 어디에 있겠는가? 내기 때문에 내가 돈을 벌려면 제품이 일을 잘하게끔 해줘야 한다. 당연히 공급자는 자사 제품의 TCO가 적어지는 방향이어야 유리하고, TCO가 적어지려면 제품 운용 조건이나 제품 자체의 신뢰성 모두가 최적의 조건이 되어야 한다. 고객으로선 보유한 제품의 비가동 시간이 줄어드는 만큼 보유 자산의 운용 효율이 높아진다. 고장에 빨리 대처해 보겠다는 생각으로 미리 부품을 주문해서 창고에

---

61) 하버드비지니스리뷰 1996.3 "Make Your Dealers Your Partners" 참고

묻혀 둘 필요도 없어진다. 그러니 자본 효율과 현금 흐름에도 도움이 된다.

제조업에서 제품과 서비스를 결합하지 않고 솔루션 제공자가 되는 방법은 단연코 없다. 이러한 솔루션을 상품화 했다고 곧바로 성공 가도를 밟을 일도 없겠지만, 적어도 성공으로 향하는 방향은 맞게 잡았다. 실패를 겪더라도 경험이 쌓이고, 고객이 늘어나면 이 같은 솔루션 영업이 자리를 잡고 확산될 수 있을 것이다.

도전은 인내를 필요로 한다. 개념을 이해한 것 이상으로, 실제 그 세상 속으로 뛰어드는 것이 도전이다. 익숙한 것을 버리고 생소한 것을 채택하는 과정에서 설득해야 할 구성원도 많을 것이고 조직을 변화시켜야 하며, 업무프로세스를 바꾸고 전산 시스템도 새로 구성해야 할 수도 있다. 지금도 경쟁사가 더 나은 제품과 서비스를 이미 펼치고 있어서 'TCO 같은 개념만 번지르르 한 것에 헛돈을 쓰지 말고, 우리의 제품을 더 잘 다듬어야 한다.'는 생각이 들 수도 있을 것이다. 하지만 TCO의 개념을 정말로 이해했다면 좋은 제품과 TCO는 서로 반대편에 서 있는 개념이 아니라, 오히려 숨은 가치를 드러낼 수 있는 요술 방망이인 것을 깨달았으리라 생각한다.

현상진단

제품 라이프 사이클 중 우리 회사는 어느 부분을 커버하는가?
- 제품 라이프 사이클 중 고객이 비용을 어디에 얼마를 쓰는가?
- 제품 라이프 사이클 중 고객이 불편해 하는 것은 무엇인가?

대안구상

어떤 서비스를 만드는 게 고객과 자사 모두에게 의미가 있는가?
- 어떤 서비스를 만드는 게 현실적으로 실행 가능성이 높은가?
- 제품 라이프 사이클을 다루는 기존 시장 참여자와 어떤 관계를 설정할 것인가?

실행역량

- 현 보유 역량으로 제품과 서비스를 결합할 수 있는가? 모자란 역량이 있는가? 어떤 역량을 개발해야 하는가?
- 우리 제품의 TCO를 검토할 만한 기초자료가 있거나 새로 만들 의지가 있는가?
- 새 상품에 맞게 업무 프로세스나 조직 체계를 바꿀 준비가 되어 있는가?
- 내부적인 저항을 극복할 수 있는가?
- 영업 솔루션을 개발한다면 시험적으로 적용해 볼만한 우호고객이 있는가?

INDEX

ㄱ
가동률 ························ 90
가용률 ························ 167
가치 ·························· 180
감가상각 ······················ 23
결정계수 ······················ 56
고마츠 ························ 203
고장률 ························ 120
고정비 ························ 69
굿 윌 ························· 116
금융리스 ······················ 72
기계수명 ······················ 42
기업회계기준서 ················ 111

ㄷ
다중회귀분석 ·················· 57
단종보험 ······················ 146
도수분포표 ···················· 50

ㄹ
라이프 사이클 코스팅 ·········· 9
렌털 ·························· 85
렌털료 ························ 86
리빌드 ························ 219
리스 ·························· 71

ㅁ
마모고장 ······················ 120
매출이익 ······················ 37
몬테 칼로 시뮬레이션 ·········· 48
민감도 분석 ··················· 43

ㅂ
백분위 ························ 129

　
버나드 추정법 ················· 129
변동비 ····················· 69, 159
부외 효과 ····················· 74
분산형 그래프 ················· 54

ㅅ
상관관계 ······················ 56
서비스화 ······················ 19
서비타이제이션 ················ 19
선납금 ························ 84
선납보증금 ···················· 78
시간가동률 ···················· 90
신뢰구간 ······················ 62
신뢰도 ························ 122

ㅇ
애프터 마켓 ··················· 20
여신금융협회 ·················· 84
여신전문금융회사 ·············· 83
여신전문금융업법 ·············· 83
영업상품 ······················ 15
와이블 분포 ··················· 124
우발고장 ······················ 120
운용리스 ······················ 72
운용비용 ················· 23, 29, 113
유지보수계약 ·················· 147
이중체감법 ···················· 29
이행보증증서 ·················· 110
임차계약 ······················ 72
잉여현금흐름 ·················· 37

ㅈ
자기부담금 — 145
자본비용 — 23, 25
잔존가 — 26, 52
잔존가율 — 52
재매입 — 103
재무가동률 — 91
정규분포 — 47
정률법 — 26
정액법 — 26
정액제 상품 — 86
중고거래 — 52

ㅊ
척도모수 — 124
초과운행 부담금 — 85
초기고장 — 119
추세선 — 53, 55

ㅋ
캐터필러 — 232

ㅌ
특이값 — 63

ㅍ
표준약관 — 84
표준오차 — 61

ㅎ
하자보수 충당비 — 133
할부금융 — 70
핵심지표 — 192
현금흐름할인 — 38
형상 함수 — 121
형상모수 — 124

화물운송사업법 — 171
확률 — 43
회귀분석 — 55
효익수명 — 42

A-E
Annual percentage rate — 77
APR — 77
Availability Guarantee Program — 167
Buy-back — 103
BX 수명 — 135
Capping terms — 145
Downtime — 168
Economic useful Life — 40

F-I
Financial Utilization — 91
flat rate — 159
Free Cash Flow — 37
Good will — 116
Grey market — 140
Hertz — 103
IFRS — 111
IRR — 94

L
LCC — 13
Lease — 71
Lessee — 72
Lessor — 72

M Money Factor ------------ 77
Monte Carlo simulation --- 48
MRO -------------------- 197
MTTF -------------------- 122
Multiple regression -------- 57

O Off-Balance Sheet ------- 74
Outlier ------------------- 63

P Payment Factor ---------- 77
Physical Life ------------- 42
Present value ------------- 38
Preventive Maintenance
　　Program -------------- 153
Profit Life ---------------- 42
Put option --------------- 103

R rand( ) ------------------ 48
rand( ) 함수 -------------- 48
Rental ------------------- 85
Repurchase ------------- 103
Residual Value ----------- 51

S Scale Parameter -------- 124
Sensitivity Analysis ------- 44
servitization --------------- 19
Shape Parameter ------- 124

T TCO --------------------- 11
Time utilization ----------- 90
Total Cost of Ownership -- 23

U Uptime Guarantee ------- 170
Utilization ----------------- 89

V Value for Money --------- 11

W Walodi Weibull ---------- 124
Warranty ---------------- 115

TCO, 마케팅의 게임체인저

초판 인쇄 | 2019년 01월 04일
초판 발행 | 2019년 01월 11일

지 은 이 | 류호윤
발 행 인 | 김길현
발 행 처 | (주)골든벨
등   록 | 제 1987-000018 호   ⓒ 2019 Golden Bell
I S B N | 979-11-5806-346-7
가   격 | 13,000원

이 책을 만든 사람들

편 집 | 이상호	디 자 인 | 조경미, 김한일, 김주휘
표 지 디 자 인 | 조경미	제 작 진 행 | 최병석
웹매니지먼트 | 안재명, 김경희	오프마케팅 | 우병춘, 강승구, 이강연
공 급 관 리 | 오민석, 최레베카	회 계 관 리 | 김경아, 이승희

㉾04316 서울특별시 용산구 245(원효로1개) 골든벨빌딩 5~6F
● TEL : 영업부 02-713-4135 / 편집부 02-713-7452   ● FAX : 02-718-5510
● http : // www.gbbook.co.kr   ● E-mail : 7134135@naver.com

이 책에서 내용의 일부 또는 도해를 다음과 같은 행위자들이 사전 승인없이 인용할 경우에는 저작권법 제93조 「손해배상청구권」에 적용 받습니다.
① 단순히 공부할 목적으로 부분 또는 전체를 복제하여 사용하는 학생 또는 복사업자
② 공공기관 및 사설교육기관(학원, 인정직업학교), 단체 등에서 영리를 목적으로 복제·배포하는 대표, 또는 당해 교육자
③ 디스크 복사 및 기타 정보 재생 시스템을 이용하여 사용하는 자

※ 파본은 구입하신 서점에서 교환해 드립니다.